# 爱就是读懂孩子

钟思嘉 / 著

華中科技大學出版社
http://www.hustp.com
中国·武汉

**图书在版编目(CIP)数据**

爱就是读懂孩子 / 钟思嘉著. —武汉：华中科技大学出版社，2018.12
ISBN 978-7-5680-4490-5

Ⅰ. ①爱… Ⅱ. ①钟… Ⅲ. ①家庭教育 Ⅳ. ①G78

中国版本图书馆CIP数据核字（2018）第184753号

**爱就是读懂孩子**
Ai Jiushi Dudong Haizi

钟思嘉 著

策划编辑：娄志敏
责任编辑：康 艳
责任校对：刘 竣
封面设计：三形三色
责任监印：朱 玢
出版发行：华中科技大学出版社（中国·武汉） 电话：（027）81321913
武汉市东湖新技术开发区华工科技园 邮编：430223
印 刷：武汉精一佳印刷有限公司
开 本：710mm×1000mm 1/16
印 张：16
字 数：180千字
版 次：2018年12月第1版第1次印刷
定 价：49.80元

本书若有印装质量问题，请向出版社营销中心调换
全国免费服务热线：400-6679-118 竭诚为您服务

# 前言

PREFACE

××

提到父爱或者母爱，你会想到什么形容词呢？或者你的感受是什么呢？

随机问了身边的同事朋友，无私、伟大、深沉、包容、奉献、感恩……这是他们常常给出的答案；同样的问题，学生们的回答就显得很多元了，除了无私、伟大这些词，也有不少人写下了无语、呵呵、纠结、控制、冷漠、压力……为什么会这样呢？若能等到这些孩子年过半百的时候再问他们一次，比较他们两次的答案，追踪他们的人生经历，我们或许可以从中略窥一二。不过此时我无意探讨这里面的原因，我想那不是简单一句年龄阅历就能解释清楚的吧。

**爱的方法论**

从为人父母的那一刻起，我们一方面很主动：在意识到自己多了一重父母角色之后，无论你之前爱不爱学习，你都会想方设法获取各种有关育儿的知识。不过即便你博览群书，把市面上所有的权威育儿指南，甚至教育学、心理学的书都通读一遍，然后严格按照书上的方法对孩子进行“操作”，仍然无法保证能得到一个理想中的孩子。但这并不妨碍我们对培养孩子甚至“塑造”孩子继续怀抱热情。而另一方面，我们也很被动：坚守着自己也不知道从何而来的爱的方法论，一心期待孩子长大后能明白我们的苦心，期待他能学会感恩。

- 你现在恨我没关系，只要你以后有出息就行。
- 等你长大就知道了，我还不是为了你好……
- 怎么那么不听话呢！你是我生的，难道我会害你吗？

类似的话是不是很熟悉呢，你根据经验给孩子指了一个方向，希望他不要走弯路，可是他似乎并不领情。于是，和孩子打交道要么相对无言，要么各说各话，他的倔强倒是有点像你（或你的另一半）。所以最有可能的情况就是，你和孩子各自坚持着自己表达爱的方式，直到孩子有了孩子，他用同样的方式对待他的孩子，怀抱着与你当年类似的心情，寄望孩子长大懂事，理解自己的一片苦心，然后在某个刹那或者被某件事情触动，他突然理解了你，而这个时候，你们可能已经浪费了大半生的时间。

有位女士抱怨自己的亲子关系："我给孩子吃好的买好的，带她出去玩，陪她上兴趣班，每天睡前亲她跟她说妈妈爱你，她居然还是觉得我不爱她，我好冤啊！"如今，年轻的父母亲早已不吝于对孩子说爱了，这当然是件好事。不过当孩子做错事了，你对她发脾气，指责她，讽刺她，骂她……她觉得受伤了，而你说这是爱之深责之切，还叫她不许哭，那么对孩子而言，这种受伤的感觉也是爱吗？也许这位女士会说，发脾气是因为爱子心切，想让孩子变得更好。那我只能说，这样的爱很直觉，很本能，也很自我。指责、批评或许一时有效，但你可以有更好的选择。

## 为什么我们不会爱、不愿懂

生活在这个信息时代，注意力是我们的稀缺资源。孩子发生任何状况，你都不必陷在问题里，你可以随手打开网页，输入你遇到的问题，得到相关不、相关的一堆信息，从分析原因到解决方法，还有众说纷纭的专家建议。如果问题够典型，你还会发现多个可以交流经验的群组。专业人士说的都挺有道理，他们应该比我们更懂科学养育，比起花心思去探究原因，不如直接“拿来”解决方法，做了再说。如果效果不好怎么办？加大剂量呀！还不行？方法那么多，换一个试试呗！

我们想要走捷径，只要有方法，能让孩子做我们认为对的事情就行了，他怎么想的无所谓。如果他没有展现出少年儿童应有的积极向上、活泼好学、乐观进取，我们会觉得是不是这个孩子有什么问题，于是我们又打开网页，开始搜寻“如何培养乐观的孩子”“孩子不自信怎么办”“如何让孩子爱学习”……

我们“生产”了孩子，却希望别人给我们提供一套说明书以及检修升级方案。孩子不是产品，亲子专家有他们的一般知识和经验，而对于你面前的孩子——具体的这个人的了解，你一定比任何一位专家懂得都多。当我们为了我们心中的“完美小孩”形象，拿来各种方法改造自己孩子的时候，我们放弃了和孩子站在一起，放弃了成为最了解他的人，这绝不是一个聪明的选择。

### 爱因懂得而珍贵

我们带着缺点和不足，带着我们各自的成长经验进入父亲或母亲的角色，父母心中有一个完美小孩，孩子心中有一对完美父母，我们能做的只是尽我们所能。

有了懂得，孩子才会被真正看见。我们允许孩子不够好，不自带美化滤镜，也不做严格的差评师，他不是谁家的小孩，而是一个立体鲜活的人。

有了懂得，爱才不会盲目。正是因为我们爱孩子，才要克制住想把我们觉得好的东西都给他的冲动，接纳他的拒绝，尊重他和我们的不一样。

有了懂得，我们用另一种身份再经历一次童年，和过去的自己相遇，这一次我们更成熟，更有力量，我们可以有选择，而且有机会做得更好。

爱孩子是本能，懂孩子却需要修炼。虽然多数家庭教育书籍各有其优点，但是对于家长而言（尤其是新手父母），学习各门派的招式之前，先练好“懂孩子”这项基本功，才能明智地选择、判断和梳理出适用自家的教育方式。

读懂孩子才能让父母爱得到位，才能发挥教育的效能。本书以丁克梅耶（DonDinkmeyer）和马凯（Gary D. Mckay）等人所创的父母效能系统训练（Systematic Training for Effective Parents，STEP）为参考架构。STEP是目前全世界盛行的三大家庭教育模式之一，不仅在美国设有专门的培训机构和出版单位，并且在全球各地不断地开设培训课程，至今造福了数百万个家庭。STEP结合了心理学大师阿德勒（Alfred Adler）的儿童心理辅导理论、美国心理学家德雷克斯（Rudolf Dreikurs）的家庭教育训练模式，以及哥顿（Thomas Gordon）的父母效能训练（Parent Effective Training，PET）。笔者有幸在美国进修博士时，修习了一年的STEP课程和实习。回台湾任教后，先是应许多家长的需求，运用其理念和方法至各地主持家庭教育讲座，录制电视大学的《亲职教育》，之后为使更多家长受益，开始制作家长学习团体的讲师培训方案，并培训了几百名讲师。这类培训除在台湾外，还在新加坡、马来西亚等华人地区开班。自2003年至今，大陆地区也举办过35期的培训，接受培训讲师达两千多人。

在笔者多年的教学相长过程中，为了符合华人社会文化和家长背景，虽然对于STEP的内容陆续做了不少程度的修改，仍感有许多不足或缺失之处，期以抛砖引玉之心，还请学者专家和实务工作者不吝指正。最后，感谢华中科技大学出版社的鼓励和支持，谨将本书作为个人从事家庭教育工作36年的自我鼓励和鞭策。

# 目录

CONTENTS

××

## Chapter 4 057

## 父母说得越多，孩子听得越少

## Chapter 5 083
## 孩子，让我们好好说话



## Chapter 6 109
## 你用对鼓励了吗？

爱 就 是
读 懂 孩 子

历史上从来没有一个时代像过去三十多年来变化得如此快速，使得今日的家庭遭遇到前所未有的冲击，也让许多父母在教育孩子上面临越来越难的挑战。什么才是适当且有效的家庭教育？想必这是许多父母想知道的答案。别急！教养孩子没有捷径，让我们慢慢地一步一步来学习。

Chapter 1

# 为什么做父母越来越难了

## 第一节
## 今日父母的困境和难题

当我们还是孩子时，父母说："跳！"我们只能问："跳多高？"然而曾几何时，当我们为人父母时，得到孩子的反应却是："为什么？"孩子的这一声"为什么"，挑战着今日父母的爱心和耐性，就像一位女士在咨询时提出的困惑："以前我的父母要我做什么，我就做什么。为什么现在我要孩子做什么，他偏不做什么？"类似有这样疑惑的父母，必须先觉察社会变迁带来的影响以及面对的难题。

### 一、社会变迁带来的困境

#### 1. 生活形态的转变

今日的社会已从传统权威的生活形态转变成为现代民主的生活形态，这种转变不仅发生在政治、经济的大环境中，也发生在家庭互动的小环境里。比如，过去社会强调长幼有序、尊卑有别的权威式人际关系，已转变为今日社会重视人人平等、互相尊重的人际关系。正因为如此，今日的孩子不再愿意接受昔日完全顺从的角色，因为他们在现今的环境中成长，所见所闻都是讲求平等之事，如族群平等、司法公正、民意表达等。他们实际的生活经验亦是如此，如轮流使用玩具、排队买东西、选举班级干部等。这一切都在说明我们的孩子呼吸着民主的气息，学习着平等的风范。遗憾的是，不少父母仍使用奖励、惩罚、告诫、威胁、利诱等传统教养方法，却未觉察这些方法在现今社会已渐渐失效。虽有一些父母发觉这种权威教育方式不再有效（多半是被情势所迫或屈于被动），但如何有效地教养孩子，他们却不知所措，形成时而紧时而松的教养态度，或者言行前后矛盾或不一致。

**2.家庭结构的改变**

另一个社会变迁的事实是大家庭的式微，代之的是小家庭的兴起。近代市场经济的发达和都市化的发展，使得年轻的一代不断地涌入大城市寻找更好的工作机会，也许因为离开故乡自立门户，或者因居住空间限制而与父母分住，小家庭的组成应运而生，再加上经济考虑、教养责任、追求自我等理由，使得家中孩子人数减少，更强化了小家庭的发展。从某个角度而言，小家庭固然有其优点，但大家庭的优点却失去了，例如从亲人得到的情感支持和即时帮助大不如前，致使照顾孩子、协调婚姻关系、金钱救急等问题都会经常在小家庭中出现。

在小家庭中，父母可以有较多的时间和精力来教养较少的孩子，对他们的成长更为有利。然而，相对的是孩子数量少，使孩子失去了像过去大家庭兄弟姐妹相处的乐趣和彼此照应，也缺乏在群体生活的人际学习能力，以致有些孩子个性孤僻或娇嫩，影响了其对社会的适应力。更值得关注的是，孩子大多时间生活在成人的世界里，学习的都是成人的榜样，尤其父母的一言一行对他们的影响很深远。举例而言，一位母亲刚教完孩子做人诚实的道理，隔了一会儿却交代孩子：“等会儿张妈妈打电话来，说我不在。”父母类似这种“照我所说的，不要照我所做的”的言行，对孩子的教育有着非常负面的影响。

## 二、随着孩子成长的难题

一位西方的家庭教育专家说：“当你有了孩子，你就有了问题。”

这句话并非表示一旦当上父母便有问题，而是意味着随着孩子的每一阶段年龄成长，父母肯定会面临孩子各种形形色色的问题。以日常生活而言，从孩子早上起床、穿衣、洗脸刷牙、吃早餐、上学，到下午放学回家看电视、吃晚餐、洗澡、上床睡觉，这种小事就够父母手忙脚乱、穷于应付了。而如果再加上学习不好、缺乏责任感、手足争吵、说谎、偷窃、暴力攻击、网瘾等大事，那真会让父母伤透脑筋、疲于奔命。父母的难题是可想而知的，因为这一代父母承袭的是上一代的教养模式，而面临下一代的教育往往缺乏相对应的新的策略和方法。同时，也很少有人或学校教我们如何做现代的父母，在这新旧价值观交替中感到茫然不安或无所适从，这是正常的现象。放眼今天的社会，各行各业都需要接受职前教育和在职训练，唯独父母是例外，我们似乎天生就能胜任教养孩子的角色。然而事实并非如此，不少国内外研究结论都指出，父母角色是成人发展中一个非常重要的角色，却也是一个最难处理的角色。

如果说今日的父母是毫无准备地为人父母是不公平的，事实上许多初为父母者，自怀孩子开始便努力地接收来自各方面的信息，如医生、亲友、专家、书籍、报纸杂志、电视广播等教养孩子的观点，可说是众说纷纭，甚至有些相互矛盾，带给父母的是更多无所适从的困惑。就像一位幼儿的母亲说道："当我发现孩子有行为问题时，一年之内听过十几场家庭教育的讲座，买了不下十本教育孩子的书，结果是越听讲座越困扰，越看书越糊涂，为什么你们这些专家不能讲一样的？" 父母有这种焦虑也是正常的，因为不是哪个专家或哪本书讲的观点好坏，而是讲的内容的适用性，毕竟家庭教育没有标准处方，一些教育孩子的方法适合别人家，不见得适合自己家。关键是父母需要学习基本的教育理念、原则、策略和方法，而后通过一段实践时间来评估其有效性和适用性。

## 第二节
## 父母的压力和期望

我们现在的生活水平比起过去不知好了多少倍，为什么反倒有许多人感到压力变大？心理学对这种现象有一个解释，这主要是现代人内心缺少安全感和自信心不足所致，有些人甚至没有察觉到自己到底得到了什么，失去了什么。

### 一、父母压力的来源

压力的产生总是先有一些事件使我们感受到不舒适，这些造成压力的事件称为“压力源”。然而，面对同一个事件，有人感到压力大，有人感到压力小，甚至没有压力，那是因为每个人内在的认知不同。所谓压力的“认知”包括了我们对压力的评估（威胁性有多大）以及对压力胜任能力的评估（是否有能力加以克服）。认知的内涵包含了智慧和经验，当然少不了信心和勇气。如果评估压力太大，又没能力胜任，那压力的结果则必然是如焦虑、害怕、不安等负面的情绪。根据一些研究结果指出，今日父母在教养孩子的压力主要来自“过度的竞争”和“物质化的补偿”的社会认知。

**1.过度的竞争**

常听到一些朋友喊穷，其实他们并不穷，他们只是缺钱，缺自己想得到东西的钱，尤其看到别人的状况比自己好。因此，压力常来自与别人的比较，看到别人吃的、穿的、住的、用的比我们好，却很少留意自己已经过得不错了。曾几何时，这个社会充斥着竞争的气氛，成年人极力想爬到更高的地位或赚更多的钱，而付出的代价却是胃溃疡、高血压、焦虑、妄想等身心方面的疾病，以及对家庭的疏忽。而对孩子而言，在家里父母期望着他各方面表现优异，放学后被送到各类学习班，如语文、数学、音乐、舞蹈、运动等兴趣班。不少父母似乎都中了一个广告的魔咒，那就是“不能让孩子输在起跑线上”。于是，父母在担心自己的孩子比不过别人或者怕丢脸、失面子等压力下，逼得孩子去学不是他想学的东西。在这种追求完美和一切为了胜利的压力下，我们看到的结果是孩子的沮丧、反抗及父母的伤心、失望。父母费尽心血地出钱出力，得到的是什么呢？多年前在日本有一条令人震惊的新闻报道，他们发现小学生的自杀率急速升高，主要的原因是他们害怕自己的成绩不能让父母满意。反观国内似乎也有类似情形，这真值得为人父母者三思了。

**2.物质化的补偿**

伴随着过度的竞争而来的是追求物质享受，现代人似乎变得功利现实，相对地精神生活日趋贫乏，许多人的生命中仿佛除了物质追求外，好像没有其他有意义的生活目标。这种情形在家庭中表现为，有的父母尽其所能地满足孩子的需求，只要孩子想要的，即使认为不妥，也会在孩子软硬兼施下屈从。有的父母甚至不等孩子要求，就为孩子买许多他并不需要的东西。探究这种心理，很可能是一种对儿时匮乏的补偿作用。举例而言，当我们还是孩子时，遇到一些价格不菲的玩具或文具，心里很清楚因家庭经济条件是买不起的，即使开口也得不到父母同意，而如今自己有经济能力了，不忍让孩子像自己当年那样失望而尽力满足孩子，殊不知这样反而对孩子有不良的影响。此外，不少父母会期望在孩子身上完成自己当年未实现的梦想，逼着孩子去学音乐、绘画、舞蹈等才艺，即使孩子没有兴趣，就像一位父亲诉说他生孩子气的原因："我花了一大笔钱让他去学钢琴，他给我学了半个月就放弃！"尤其当孩子回应说没兴趣时更令他愤怒。当引导他觉察到自己说这句话的真正含义时，他才明白学钢琴其实是自己儿时未实现的梦想。父母这种补偿心理是可以理解的，但是不顾孩子自身的兴趣和能力，得到的自然是失望、生气或失落的结果。

## 二、不当期望的影响

前面提到，一些来自外部的社会因素是父母压力的来源，也有一些是来自内部的家庭因素，特别是自己的期望，包括清楚的和未觉察到的期望。孩子从小就慢慢地感知到父母对他的期望，如果他不认同或不接受，就会随着年纪越大越表现出拒绝或抗争的行为。因此，父母必须花时间思考对孩子有什么样的期望？它是否符合孩子的能力、兴趣或理想？是否实际或合理？甚至可以问自己，对孩子的要求是否是自己期望成分较多？我们发现，一些孩子内心沮丧、缺乏自信都是父母不当的期望所造成的，让我们来看看有哪些不当的期望。

### 1.负面的期望

如果父母认为孩子不可能做好某件事，得到的结果往往就是如此，正应了"想要什么，得到什么"这句话。期望对一个人的影响很大，当预期自己可能会失败，那就会离失败不远；反之，当预期自己会成功，那成功的概率就越高。

当父母不相信孩子的能力时，他们的言行就会有形或无形地表现出来。举例而言，小华想参加学校篮球队的选拔，爸爸觉得他才三年级，各方面的条件还不够，于是对小华说："儿子，我不认为你今年能选得上，为什么不等明年再参加呢？"但是小华不听，坚持今年一定要参加。爸爸又说了："好吧！但是可别说我事先没有提醒过你。"结果小华"果然"没被选上，他非常沮丧，并且认为自己永远不可能成为一个篮球队员。其实，爸爸的意图并不是要打击儿子，而是希望他好好准备，明年再参加选拔。然而，小华的想法和多数孩子一样，单纯地把爸爸的话和自己后来的失败归因为自己根本没有这方面的能力。而这种直线型的思考，使他不幸地成为负面期待的牺牲品。

## 自卑情结

"自卑"的观点经常造成一些人的误解，其实自卑感（inferiority feeling）和自卑情结（inferiority complex）在实质上有不同的意义，二者所产生的心理效果也有所差异。自卑感是一种自己某些方面的不足或不如人的感受，但不表示他什么都不行，他会以补偿性的努力转向其他方面发展出其专长或能力，从而获得个人优势和成就，例如在运动方面不如人，尝试在学习上努力；在数学方面不如人，转向语文能力表现等。而有自卑情结的人虽然同样是在某些方面不如人，却因而错误地推论或归因为各方面都不如人，使得原本具有的潜能或优点也无法发挥出来，并可能因害怕失败而凡事不敢尝试，产生严重的心理逃避。

对孩子而言，最痛苦的经验莫过于感觉不如别人（其实成人也是如此）。自卑感经常限制或扼杀孩子社会兴趣的发展，遗憾的是父母却没有给孩子"你够好了"的感觉，因为父母担心这样做会使孩子停止发展或进步。幼小的孩子对自卑感的意识较模糊，但自卑情结让他清楚地感觉到自己不好，他会以一个真实或想象不如人的情况为借口，要求父母或别人给予同情和特别照顾，而年纪较大的孩子则会被误导去寻求一些不良的补偿行为，冲动地做出一连串错事而最终误入歧途。

一般而言，有两种方式可以激发一个人的成长和进步，一种是垂直式，为了自己的成功，使用竞争手段来压倒别人；另一种是水平式，通过与他人合作，以自己的贡献提升成就。两者虽然都可以达成目标，但垂直式的成功代价太高，失败的概率也大。不幸的是，现在一些家庭经常采用这种教育方式，非但没有削弱孩子的自卑感，反而会强化孩子的自卑情结。如此方式不仅让孩子在生活中没有安全感，遭遇失败时也容易沮丧，逐渐对世界失去信心和希望。

**2.不合理的高标准**

每个人都有自己想追求的理想目标，但是把目标定得太高，很可能达不到而沮丧。不少人期望完美，却很难获得满足，因为完美是一个不可能且不必要的梦想。试想，如果生活中一切都是完美的，那生活中也不会有任何困难和挑战，或许一时半刻你会说太好了，过些时日你绝对会感到生命枯燥乏味。

有些父母会说："我并不奢望完美！"但是对自己和孩子仍持不合理的高标准。例如，小明的数学一向不好，有一次小明的数学终于考了80分，父母虽然看到他的进步，却告诉小明期望他下次考试至少提高10分，最好能是100分。后来的情况可想而知，小明的数学成绩"果然"不进反退，因为他觉得父母没看到自己的进步，100分是目前根本达不到的目标，沮丧的心理使他放弃了努力。

**3.过度的野心**

提到野心，总让人认为这是不好的词。其实人需要有适度的野心，这是一种企图心，一股冲劲、一个追求进步的动力。但是如果野心过度，就会对自己的表现永远不会满意，所得到的后果自然只有沮丧。

许多父母常用各种方法逼迫孩子学习。期望孩子有好的成绩或考上重点高中、大学以证明自己的成功。假如孩子没有达到自己的期望标准，他们会说“你没有尽力”“你可以考得更好”之类的话。而当孩子达到标准时，父母又会说“继续保持”“不要懈怠”之类的话。2016年全国卷的高考作文题有一个看图作文题，四幅图中第一组两幅图是一个孩子考了100分，家长给了一个吻，一个孩子考了59分，家长给了一巴掌；第二组两幅图是之前考了100分的孩子考了98分，家长给了一巴掌，而之前考了59分的孩子升到61分，家长给了一个吻。如果让父母来写这个作文，不知道会是什么感受。不少家长给孩子的感觉是：只有成功，你才有价值。于是，孩子害怕自己达不到父母的期望，也承受不起任何的失败。我们都知道失败是成功之母，然而过度的野心只会造成孩子对努力却步，甚至出现更多的错误和挫折。

**4.过度强调竞争**

前面谈到过度的竞争会产生压力，因为生活在这个世界中，每个人都无可避免地面临一些竞争，如考试、工作等，但是竞争的价值如果被夸大，造成的结果绝对是伤害自己和伤害他人。其实，社会的进步和繁荣建立在合作的基础上，即使有竞争也是良性的，而过分强调竞争对个人和社会都会造成损失。

美国NBA（美国男子职业篮球联赛）一位教练的名言是：“胜利不代表一切，它是唯一的事。”不幸，此种非赢不可的心理不仅存在于运动竞赛中，而且充斥于社会各个角落。父母有时会无意地助长竞争的观念，例如言谈中拿孩子与他人相互比较，尤其是在学习成绩上，过度强调竞争只会造成孩子更多的挫折和沮丧。一个竞争心强的孩子，往往会失去很多成功机会，因为他只有在成功率高时才肯尝试，也害怕失败，因为失败对他而言是严重地伤害自尊。当一个人总想比别人多一点的时候，他只会关注自己的利益，总以为除非压倒别人，否则自己无利可图。事实上，在一个强调合作的家庭中成长的孩子，才更有信心和勇气去面对生活中的挑战。

**5.过度看重错误**

在现今的社会中，有一种偏差的想法是“找出错误，方能进步”。遗憾的是，许多父母在教育孩子上也是如此，甚至如 “鸡蛋里头挑骨头” 似的挑孩子的错，造成孩子不必要的挫折。事实上，如果父母越害怕孩子犯错，他就越可能犯错，因为挑剔不仅打击孩子的信心，而且会让孩子失去尝试的勇气，自然不可能有改正错误的进步。

其实，错误的价值在于我们怎么去看待它，如果父母把孩子的错误看成他学习过程中必然发生的事，是教导孩子什么不该做或做什么不对的机会，这才是教育的真正意义。所谓“孰能无过”，身为父母同样地也会犯错，所以“别为打翻的牛奶哭泣”，鼓励自己和孩子在心中建立一种价值感：即使我们不能样样做得尽善尽美，但我们仍然是一个相当有能力和有价值的人。

总之，父母要经常提醒和鼓励自己成为一个开明的家长，而不是当一个成功的家长。开明的家长经常保持心情愉快，并与孩子有良好关系和沟通；而成功的父母除了给自己太大的压力外，也容易让孩子产生心理或行为的偏差问题。两者的信念和行为不同，也将使孩子产生不同的行为，见表1-1。

**表1-1 成功的父母Vs开明的父母**

| 成功的父母 | | | 开明的父母 | | |
|---|---|---|---|---|---|
| 父母的信念 | 父母的行为 | 孩子的行为 | 父母的信念 | 父母的行为 | 孩子的行为 |
| 我必须控制孩子 | 要求孩子服从<br>坚持自己是对的<br>孩子错了<br>处罚孩子 | 逆反<br>隐藏真实感受<br>焦虑不安<br>逃避责任<br>说谎或偷窃 | 我相信孩子可以自主 | 允许孩子选择<br>鼓励孩子 | 有自信<br>愿意贡献能力<br>与人合作<br>有解决问题的能力<br>生活丰富多彩 |
| 我比孩子行 | 怜惜孩子<br>负起所有责任<br>过度保护<br>自以为公正<br>溺爱或羞辱孩子 | 自怨自艾<br>容易怪罪他人<br>对生活觉得不公<br>期望他人给予 | 我与孩子平等 | 相信且尊重孩子<br>鼓励孩子独立<br>给予孩子选择<br>期望孩子参与贡献 | 有责任感<br>能独立自主<br>乐于学习<br>相信平等 |
| 我是给予者，<br>你该听我的 | 过于关心公平<br>有条件地给予 | 不信任他人<br>感觉被剥削<br>学会剥削他人 | 我相信人应该互相尊重 | 强调平等<br>鼓励互相尊重<br>避免让孩子愧疚 | 自重和尊重他人<br>有成就感<br>信任他人 |
| 我必须是完美的 | 要求所有的事完美<br>吹毛求疵<br>过于关心他人评价 | 苛求完美<br>行事胆怯退缩<br>对批评感到焦虑 | 我有勇气接受有缺点的我，同时欣赏自己的优点 | 有耐心<br>合理地期望<br>重视孩子的优点<br>鼓励和肯定孩子 | 学习专注<br>视错误为挑战<br>勇于尝试新事物<br>有宽容心 |
| 别人不算什么，我比别人更重要 | 纵容孩子<br>任孩子予取予求<br>对孩子说“不”感到愧疚 | 不断要求索取<br>自私<br>不懂尊重他人 | 我认为所有人都是有价值的，包括我自己 | 鼓励互相尊重<br>鼓励贡献<br>知道何时说“不” | 人际关系良好<br>尊重他人权利<br>心胸开阔 |

## 第三节
## 父母的情绪和信念

在教育孩子的过程中，父母的情绪扮演着一个非常重要的角色，也是很难处理的问题。一位经常生气的母亲说道：“我就像挂在墙上的飞镖靶，孩子就是那射镖的人，让我不停地中镖。”那么，父母要怎么避免这种被孩子操控的情况呢？父母首先就是要明白我们是自己情绪的主人，除非我们把自己的情绪权利拱手让给孩子。其次，父母得了解影响情绪的背后因素，进而学习一些情绪管理的策略和方法。

### 一、改变负面情绪

通常，我们以为情绪是受到事件影响而直接引发的，但事实并非如此，因为情绪必须通过其背后的想法才会产生。理情行为疗法创始人艾里斯以“事件－信念－结果”的三者关系，来解释情绪的产生。他认为所谓“事件”是指生活中引发情绪的事情，“信念”是指引发事件的认知想法，而“结果”则是产生的情绪反应。以孩子不愿与父母沟通为例，面对这种情况，有的父母是生气愤怒，有的是无奈失望，而有的是内疚自责。然而，孩子的行为是造成父母负面情绪的因素吗？答案是否定的，因为孩子不愿与父母沟通的行为（事件），通过父母内在的不合理信念或想法：“被孩子拒绝是很严重”“孩子应该尊重我”或是“孩子不爱我了，我是一个没有价值的人”等，从而产生了上述的负面情绪（结果）。

如果想改变负面情绪，以上述孩子不愿沟通为例子，父母必须改换另一个合理的信念或想法：“这件事的确令我难受，但并不代表世界末日。”“虽然我不喜欢这种行为，但是我能接纳。” 或是 “虽然孩子拒绝了我，但并不意味着我是不好的父母。”等，则可以减少或改变负面情绪。有时，孩子不愿沟通是他们遇到一些困扰或难题，如果父母以负面情绪回应，不仅无法适时地帮助孩子，反而使亲子关系更加恶化。因此，父母转换为合理的信念来看待孩子这种行为，心里也许仍有些不舒服，但不会有内疚、生气或气馁等负面情绪，同时也能平静思考和采取有效的应对方法。

如果用一句话概括孩子造成父母负面情绪的行为，那就是“孩子不听话”。换言之，父母认为孩子的行为未达到自己的期望或要求。通常，这些期望或要求背后有着以下四种不合理的信念：

（1）严重或不幸。当孩子犯了错，即使这是多数孩子成长中经常会发生的情形，例如乱发脾气、写作业不专心、考试粗心、不想上学等，但这原本的小事却被父母认为是严重的大事。如果孩子还屡劝不听，甚至抗拒或逆反，那更会被父母视为家门不幸。探究其深层原因无非是父母的过度担忧所造成的，例如担忧孩子习惯没培养好，那将来怎么办；担忧现在这样的行为，未来会变得更糟或更坏等。

（2）应该或必须。父母认为“应该”对培养孩子良好的行为负责，“必须”对他犯错的行为加以制止或处罚，例如对沉迷网游、说谎、偷窃、打架等加以纠正，否则孩子难以改过向善。这并非说父母不应负起教育孩子的责任或纠正孩子的不当行为，而是心中存有这类应该或必须的信念，反而容易让自己陷入负面情绪里，无法思考如何有效地改善孩子的不当行为。此外，有些父母的应该或必须的信念不是为了孩子，而是为了证明自己是好父母，广受亲朋好友的赞许。然而，这样的心态更会让自己承受太大的压力，自然难有好的情绪。

（3）无法或不能。面对孩子的一些不当行为，父母无法或不能接受是正常的，但是绝对或武断地否定，只会使自己的负面情绪更加强烈，且常难以释怀。有研究发现，比起西方国家的父母，中国父母对孩子说话有较多“不”，如不行、不准、不可以等，而少有肯定的态度和用词，如你行、允许你、你可以等。当父母处于不断提醒或警告孩子的压力下，是不可能有好的情绪来教育孩子的。

（4）自责或内疚。当孩子的不当行为一而再，再而三地发生，有些父母会责备自己无能或没有价值，或者愧疚自己是一个失败的父母，其结果是对孩子纵容或放任。这种情形会使孩子的不当行为加剧，恶性循环下最终是后悔莫及。

我们常发现，造成父母负面情绪的不合理信念不止上述的一种，可能有两种或两种以上。由于受这些不合理信念的支配，让父母的负面情绪不断产生，使亲子关系陷入经常冲突的困境。

父母想改变负面的情绪，首先要建立合理的信念来反击这些不合理的信念，然后采取培养积极情绪的策略。什么是合理的信念呢？对应上述四种不合理信念，合理的信念则是：

（1）孩子目前的一些不当行为是成长中必然会发生的，因为孩子是从错误中学习改进的，所以，孩子犯错不是什么严重或不幸的事，我无须大惊小怪或过度担忧。

（2）没有事情是非要怎么样的，因为“应该”或“必须”只会造成自己的压力，对改善孩子不当的行为毫无帮助。

（3）对孩子的行为虽不认同，但不是什么无法或不能接纳的事，因为他还是孩子。

（4）在教育孩子上，我虽然会有不适当言行的时候，但无须自责或内疚，因为我仍是有能力和价值的父母。

父母可根据上述的合理信念例子，运用自己习惯的用语来建立自己的合理信念。例如，一位父亲的合理信念是："孩子之所以是孩子，需要时间和空间学习成长。"一位母亲的合理信念是："我之所以是父母，正是需要有爱心和耐心慢慢地教育孩子。"而最简单改变情绪的方法是，面对孩子的不当行为时，父母可做做深呼吸，并在心中默念："没有什么大不了的。"如果仍感到情绪未平，不妨重复深呼吸三五个回合。下面是在某次家长团体聚会中，一位母亲分享的故事：

某天早晨，由于小学五年级女儿的请求，我特地起早为全家煮了方便面当早餐。乖巧的女儿最先到餐桌前，坐下来愉快地吃着面。随后，读中学的儿子也来到餐桌前，却望着我特地为他盛的那碗面，脸色难看地说："怎么这么大一碗，喂猪啊！"以往我听了肯定会发火，但当时我立即做了几次深呼吸，并告诉自己这没有什么大不了的。于是，我微笑着对儿子说："怎么？太多了？"然后把儿子碗里的面拨了一些到空碗里，并问道："这样子还会太多吗？"当下儿子没有吭声，但脸上难看的表情舒缓了许多，于是我转身忙自己的事情去了。

故事之后的发展是，女儿安静地吃完面，背上书包到门口，回头跟我说："妈，我好爱你！我去上学了。"我高兴地回应："乖，我也爱你们！"而后儿子也吃完准备上学，但在门口犹豫了一会儿，转身回来搂住我的肩膀，不好意思地说："妈，刚才对不起！"我看着比自己高大的儿子说："没事，我知道你今早不想吃这么多……”话没说完，儿子竟然在我脸颊上亲了一下。从那天起，我知道怎么做一个快乐的妈妈了。

## 二、培养积极情绪

增进良好的亲子沟通是有效教育的桥梁，而父母的积极情绪则是亲子沟通的梁柱。一位焦虑的母亲说：“我知道应该心平气和地和孩子沟通，但这是理性，可是一生起气就控制不住脾气！”培养积极情绪是需要学习的，以下一些策略提供参考：

**1.接纳情绪与承诺改变**

当有负面情绪时，坦诚地接纳自己有这种反应，不必压抑或掩饰，即使产生敌意也无须逃避，停下脚步问自己是否愿意改变？如果是，许下改变的承诺，使用某个策略，一两周后观察情况是否改善，再决定是持续这个策略还是采取另一个策略。

**2.认清情绪背后的原因**

负面情绪虽然与不合理信念有关，但仍要认清这些情绪背后的原因是什么。是自己最近生活或工作压力大？是对孩子的行为不满？还是希望让孩子有好的习惯？无论是什么，提醒自己负面情绪改变不了什么，要改变的是自己的信念。

**3.听自己说话的声调**

说话的声调是态度的信号之一，例如声调沉稳表示肯定，声调喜悦表示欣赏，声调激动是兴奋或生气。和孩子相处时，留意一下自己说话的声调，多尝试亲和、友善、坚定的声调，就会给自己带来新的情绪经验，孩子的行为也会有所改善。

**4.观察自己的非言语行为**

一些非言语行为都能表现出自己的情绪，如脸部表情、肢体动作等。改变非言语行为可让自己产生不同的情绪，例如疲倦时多微笑，会感到放松；生气时做几个深呼吸，会使气消退不少；忧虑时伸展下身体，会让精神振奋。有空时不妨面对镜子练习与孩子说话时的表情和动作，例如坚定、友善、欣赏、感激等。

**5. 沉默或转移思考**

与孩子沟通不愉快时，可以沉默来停止负面情绪，或者暂时离开现场冷静一会儿。万一无法离开现场，可以强迫自己转移思考，回忆一些愉快的事或计划要做的事，让自己暂时忘掉眼前的困扰。如果有些事情让自己感到无法忍受，可以在心里大声地自我对话，说一些与这无关的事情，例如明天要上街买什么东西、柜里衣物是不是要整理了等。停止或转移负面的思考，可以让自己脱离负面情绪，避免可能发生的亲子冲突。

**6. 避免中孩子的计**

当孩子表现出不当的行为，父母负面情绪的反应可能正符合孩子的心意，反而更强化孩子这个不当的行为。而如果父母的表现出乎孩子预期的反应，如沉默或不予理睬，反而使孩子的不当行为停止，因为孩子发现自己的这个行为得不到父母的注意。这招对孩子而言可谓“高深莫测”，因为他搞不清父母的葫芦里卖的是什么药。

**7.学习自我松弛**

平时可做一些帮助自己心情放松的活动，例如告诉家人自己每天某些时间要安静独处一段时间，不希望被打扰，也可以鼓励家人试试独处的好处；感到紧张不安时可以做深呼吸，并在心中暗示自己“放松”“一切没问题”“沉住气，别慌”；或者手按着脉搏、数着心跳，对自己说：“慢一些，慢一些……”

**8.尝试幽默言行**

美国心理学家欧康尼尔说：“人把生命看得太重要，而不能真正地拥有它。”当遭遇挫折或情绪沮丧时，幽默有趣的事情能让自己愉快，例如，收集一些逗趣的图片挂在经常可以见到的墙上或门上，或者听一些有趣、开心的笑话。此外，自我解嘲也可以达到同样的幽默效果。事实上，没有人是完美无缺的，父母在孩子的面前承认自己的不完美，这样可以帮助孩子学习到人都有犯错的时候，关键在于如何坦然面对和改正错误。

**9.重新自我检视**

如果上述的改变策略仍不能达到预期的效果，父母得停下脚步反思几个问题：是不合理信念的干扰太强了？是合理信念的声音太弱了？还是改变的行动不够坚定？然后，再次肯定自我改变的意愿，坚定地反击不合理信念，强化合理的信念，并持续运用上述培养积极情绪的策略，假以时日就会有出乎意料的效果。

**身体放松活动**

日常生活中，我们每一个人都需要靠三种力量来应付日常生活的压力。哪三种力量呢？心力，如精神、情绪状态；脑力，如思考认知；体力，如健康状况、疲劳程度。

每个人从早上起床开始就在消耗这三种力量，开始付出心力、脑力、体力。不管你是上班族，还是家庭主妇，心力、脑力和体力三种力量不断地输出和消耗，一天下来，这三种力量已所剩无几，而大多数人又不懂得善用和节用，所以无怪乎有人会说，晚上回到家最容易生气。

以下几种活动，可以帮助我们储备这三种力量。要做得有效果，就得练习专注。第一个动作是以最舒适的方式靠着椅背（也可平躺在床上做），身上不要有东西，把眼睛闭起来，如果觉得眼镜是束缚，可以把眼镜摘下来。眼睛闭起来后，双手放在大腿上面，手心朝上，双脚平放在地上。然后，试着把身体的重量均匀地分布在两个肩膀、身体两侧和四肢上。如果感觉还不是很平衡，可以调整一下坐姿，务必使身体的重量很均匀、很平衡地分散开。

第二个动作是深呼吸，轻轻地吸入，慢慢地呼出来。如果觉得自己的注意力还不能集中的话，把注意力集中在自己的鼻息进出气的一点上。深呼吸的要领是深而长地呼吸，轻轻地吸入，慢慢地呼出来。让自己尽量放松……放松，继续做深呼吸，多做几回合。

第三个动作是要试着听听自己心跳的声音，当自己慢慢安静下来，是可以听到自己的心跳声的。如果一时听不到，不要急，继续做深呼吸，等你静下心来便可以听到了。

最后一个动作是自我暗示。在心里面告诉自己，重复这句话："让我的手心热起来，让我的手心热起来……"大约一分钟后，慢慢地张开眼睛，身体轻微地活动活动，不要做太大的动作。

我们在忙碌或心乱的时候，额头常常是热的，手心是凉的。而这个活动做完后，你会发现自己的额头是凉的，手心是热的。整个过程中，不管自己做或指导别人做，有三点注意事项：

第一，如果感觉出现头昏脑涨的情形，可能是有贫血或低血压，最好找医生诊断。当你出现这种情况时，并不表示不能做这个放松活动，而是刚做的时候，时间短一点，然后再慢慢延长时间。如果有咳嗽的情况，有两个原因，不是有感冒伤风，就是呼吸道有问题，最好找医生做检查。

第二，不要在受风口前面做，因为安静下来皮肤毛孔张开，风灌进来容易伤风感冒。

第三，在工作之余或家里都可以做，周遭环境不宜有嘈杂声音。在家中做时，可以选择安静的角落，调柔灯光，再放点轻音乐，这样效果会更好。此外，饭后半小时内不要做，也不要在不适当的时间或场合做，如自己开车、骑摩托车或骑自行车时，这样做很容易发生危险。

## 爱就是读懂孩子

正如这世界上没有两片叶子是一样的，每个孩子都是独特的个体，即使在同一个家庭长大的孩子，个性也会不一样。因此，教养孩子的前提就是读懂孩子成长的动力。父母先耐下性子，让我们来了解影响孩子人格特质和能力发展的三大动力：社会兴趣、家庭星座和生活形态。

Chapter 2

# 读懂孩子成长的动力

## 第一节
## 社会兴趣

孩子从出生即开始对周遭的人、事、物有不断的好奇心，除了运用眼睛、耳朵、手等感官去好奇地探索外在的世界之外，孩子还发展了一个很重要的心理需求，这是心理学大师阿德勒称之的社会兴趣（social interest）。社会兴趣的满足来自两个途径，一个是感到自己受所属团体其他成员尊重和接纳；另一个则是觉得自己对所属团体有所贡献，可发挥能力。

“家”是孩子最初参与的团体，也是孩子社会兴趣的发源地。因此，一个孩子社会兴趣能否得到满足，家庭扮演着非常重要的角色。而后，随着孩子成长的脚步，他参与的团体逐渐增加、扩大，如玩伴群、学校班级、住宿寝室、社团等。多数孩子成长中发展的社会兴趣大多能得到满足，但一些产生偏差或不当行为的孩子，是由于他们的社会兴趣较少得到满足。因此，了解以社会兴趣为核心的四个心理需求，是预防孩子产生偏差或不当行为的第一步。

### 一、归属感的需求

一个人在所属的某个团体里有自己的位置，是该团体的一分子，这种感觉就是归属感，一旦被该团体的其他成员排斥或忽视，很可能造成其心理的失落或创伤。当然，人的一生会有不少所属的团体，有的团体让我们觉得对其归属感较强，有的则让我们感到对其归属感较弱。家庭对孩子的归属感至为重要，往往会影响到他日后人格特质和能力的发展。随着孩子的成长，他们会在归属感较强的团体里积极地参与和表现，对归属感较弱的团体会产生消极的逃避或退缩行为。虽然有些孩子会隐藏自己内心的感受，但仍可从他的表现看出其在某个团体归属感的强弱程度。

### 二、情感依赖的需求

孩子对父母的依赖不只是获得食衣住行的物质满足，更需要关爱的精神满足。有国外研究发现，婴儿如果没有得到情感依赖，很可能会在几小时之内死亡。对幼小的孩子而言，他们需要父母以身体接触的方式表达关爱，如亲吻、拥抱、拍背等。而迈入青少年期的孩子虽仍有这种身体接触的渴望，但会觉得自己长大了，不好意思与父母再有如此亲密的行为，此时父母可以改用眼睛注视、拍拍肩膀、握握手等方式表达情感支持。有些父母由于外出工作的原因无法亲自照顾孩子，祖父母或其他照顾者也能以这些关爱的方式满足孩子的情感依赖需求。

### 三、被接纳的需求

孩子从出生后逐渐地感受他在这个家里的受欢迎程度，尤其是能否被父母和其他家人（如祖父母、哥哥、姐姐等）接纳。尤其是父母对孩子的认同和肯定，是孩子被接纳的需求是否得到满足的关键。孩子在成长中不断地以尝试错误的方式学习，他们将被父母接纳的行为保留下来，并且很快地放弃不被父母接纳的行为。而孩子为什么表现出不被接纳的行为，其行为背后肯定有其目的或动机，这将于第三章详细说明。

### 婴儿的需求

刚出生的婴儿有需要时，他会同时做出许多个动作来反映，不只是单一的动作。例如，当他张着小嘴大哭，并且满脸通红和不停地挥舞着小手小脚，这就表示他对父母有所求。而如果父母给他注意和拥抱，他这些动作就会因此停止，因为他的需求被接纳。如果父母没有理会他的这些动作，他会学习到一件很重要的事：父母对于我的需求并不是每次都会有回应。他可能会转而利用其他方式来向父母表达，直到奶瓶进到他的嘴里，或是换了尿片为止。不要以为小宝宝什么事也不懂，他可是在学习，之后逐渐地了解自己什么样的动作，可以让父母明白他的需求。在孩子的成长过程中，他起初通过多个含混未分化的动作，很快地发展到单一清楚的动作，例如他从不断的探索中了解到只要哭，爸妈就会给他想要的。如果哭了几次并没有带来预期的被接纳效果，那么他就不会再使用这种方法了。

婴儿在最初成长的几个月中，感官系统的发展并未完全，他们能听、能看，但是了解得却很少，因此对父母的行为只能利用彼此的身体接触和声音来加以判断，例如，他们会很快地由母亲的声音和动作来推测母亲现在“是否和我说话？”“好像很生气？”“似乎是赞美我？”等。孩子这种学习的方式会一直持续到他语言发展后，因此父母在孩子面前隐藏自己真实的感受，经常是失败的。

## 四、获得关注的需求

在孩子的发展过程中，他会逐渐学习到什么样的行为能吸引父母的关注。如果他有兄弟姐妹，就会开始和他们做比较，看谁可以从父母那得到更多的关注。孩子善于察言观色，却容易做出错误的推论。例如，如果他认为父母对他的爱不如从前，他会以偏差或不当的行为来吸引父母的关注，即使被父母惩罚也满足了获得关注的需求。在现今家庭中，父母因工作忙碌而疏忽了孩子，致使孩子以偏差或不当行为来获得父母关注的情形越来越多。

小志，小学六年级。他经常晚上一个人在家里，母亲几乎每天都工作到他睡着后才回到家，隔天早上母亲还没有起床他就出门上学了。自从父母离婚后，这种母子见不到面的情形越来越多。有一次母亲突然提早回家，居然发现小志在吸烟，气得火冒三丈，将他痛打一顿。自此以后，母亲经常出其不意地提早回家，看他是否又偷吸烟，但是情形并未改善，小志吸烟的行为反而越来越多。小志之所以要这么做，无非是要引起母亲对他的注意，他发现虽被惩罚但可得到母亲提早回家的效果，因而他宁愿被惩罚也不愿被忽视。

在一次与儿子的真诚沟通中，母亲终于了解了小志的需求。于是，母亲承诺以后减少晚上加班，尽量早些回家陪他。当母亲做到她的承诺，小志的吸烟行为也就消失了。

# 第二节
# 家庭星座

所谓家庭星座（family constellation），是将家庭中的每一个成员所组成的家庭结构，比喻为银河系中的星座，意味着每个家庭结构都被看成是一个特殊的星座，不同于其他家庭的结构；每一个家庭的成员都代表着一颗星，各自在所属的星座里有着不同的形状、位置和表现，有的较大、有的较小，有的较高、有的较低，有的较亮、有的较暗；星和星之间也有较亲近的、较疏离的情形，彼此都有着特定且不同的互动关系。在这犹如动力磁场的星座里，家庭成员的权利、责任和价值观不断地交流或碰撞，从而发展出每个成员不同的人格和能力，并且有形地和无形地影响着整个家庭形态，以及其他家庭成员的人格特质和能力。

一个家庭星座的形成，以小家庭为例，刚开始是夫妻两颗星的组成。当第一个孩子诞生后，原先的星座由两颗星增为三颗星，这个家庭原有的关系产生了变动而形成新的家庭关系。如果第二个孩子过几年降生，家庭关系又增加了一颗星，家庭关系会再一次地产生变动。

## 一、默默进行的竞争

虽然不必过分强调手足竞争，但是孩子之间的竞争的确是造成家庭星座位置转换最主要的因素。举例而言，张家父母有一个困惑：“为什么弟弟仲平学习成绩这么差！不能像哥哥伯劭一样好呢？”这是父母面对家中孩子表现不同的普遍感觉。在家里伯劭是父母眼中的明星，而仲平却常受父母批评。不过只要张家父母了解两个孩子在学校里的表现，就会发现伯劭和仲平在学校都是明星，只不过伯劭是以“学霸”领先群雄，而仲平则是以运动强项风靡全校。其道理很简单，伯劭在学业上的优秀表现使得仲平对学习不感兴趣而转向运动能力的发展。除非仲平觉得自己可以在学业方面超过哥哥，否则是不会和伯劭在这方面竞争的，他寻找到了另一个可以展现自己能力的领域。

同一个家庭的孩子也会有不同的人格特质，例如一个如果性格外向，另一个则可能性格内向；一个乖巧可爱，另一个就可能桀骜不驯。因为，每个孩子会在每一个所属的团体里寻找自己的独特位置，伯劭以学业表现在家里和学校都可获得归属感；而仲平虽在家里被父母批评学习成绩不好（在家缺乏归属感），但在学校的运动表现却满足了他的社会兴趣（在学校有归属感）。如果家里两个孩子的性别不同，结果可能就不同了。因为到了青春期，女孩子不论是在生理上或是智能上的发展都要比同年龄的男孩子成熟，假设伯劭有一个小他一岁的妹妹仲萱，由于女孩的身心发展较男孩快，当仲萱觉得自己可以在课业学习方面超过她的哥哥，可以预见的是伯劭马上会对课业学习失去兴趣，转而向其他不与仲萱竞争的领域发展，如文体、艺术方面。这样的手足竞争从第二个孩子出生便悄悄地展开，他们不需要言明：你在某方面有优势，我就在其他不同于你的方面发展专长。手足之间这种默默的竞争不仅真实地存在，而且持续进行着。

既然孩子是这么不同，父母应该多了解他们的人格特质和能力，并引导他们朝着自己最佳的方向去发展。父母千万不能只关注家里某颗耀眼的星而忽视另一颗星的光芒，那不但助长了手足之间的竞争，而且对他们的成长都有不良的影响。

## 二、出生顺序与家庭地位

家庭地位对孩子发展的影响不容忽视，它与出生顺序有着密切的关系。而出生顺序又会受到孩子的性别、年龄差距和父母教养方式的影响。出生顺序反映出家庭星座中的五种基本心理位置：长子（女）、次子（女）、中间的孩子、幺子（女）、独子（女），而每一种心理位置都有其独特性，影响着他们的人格特质和生涯发展。下面分别说明这些出生顺序的心理位置，虽然不能一概而论，但它与多数家庭的情形相似。由于现今大多数家庭的孩子较少，父母不妨以自己的原生家庭的手足情况做一下对照和了解。目前二胎政策开放，有两个孩子的父母也可以做一些印证。

### 1.长子（女）

作为家里第一个孩子，受到父母欢迎和喜爱的程度可谓得天独厚，而且有一段时间他（她）是父母唯一关注的焦点，直到那集三千宠爱于一身的位置被他的弟弟或妹妹推翻为止。对长子（女）而言，有一个很明显的事实会对他（她）的发展产生不小的影响，那就是“被取代的伤痛”。这种伤痛程度要看弟弟（妹妹）与自己相差几岁，以及父母对其的情感反应和行为的应对而定。通常，两个孩子的年龄差距在五岁以内，对一个生活形态已经定型的五岁的大孩子来说，第二个孩子的来临对长子（女）是一种相当大的冲击。因为要他（她）明白父母不是有意忽视或排斥他（她），是一件相当困难的事，更遑论要向他（她）解释弟弟（妹妹）需要更多的照顾，这简直是不可能的事。除非父母给予他（她）一些额外的注意，才能弥补他（她）失落的感觉。然而，如果父母给他（她）不适当的额外注意，可能造成他（她）会以偏差的行为来获得父母的注意。

另外，还有一个事实就是父母在照顾他（她）时是毫无经验的，可能因焦虑而产生过度保护或纵容的情形。例如，有些父母对第一个孩子的诞生充满了喜悦和兴奋，会把他（她）的每一个发展阶段都拍照或记录下来，包括长的第一颗牙齿、走的第一步等。然而，这种重视的程度随着第二个孩子的来临而降低，使得长子（女）为了维持原先的优越地位或克服被取代的伤痛，在个性上会显得较权威、稳重、保守。与次子（女）比较，长子（女）更适合做领导或管理人才，人际关系也比较好。由于他（她）感受到自己是家中的老大，是弟弟妹妹的榜样，会有较强烈的责任感。

**2.次子（女）**

在大多数家庭中，老大和老二不论是在性格或能力发展都有相当大的差异。对于老二来说，一个他（她）无法改变的事实就是，总是有一个比他（她）年长、能力比他（她）强的老大在前领先。如果老大和老二的年龄差距不大（两三岁），老二会把老大视为超越的目标，企图取代老大在父母心中的重要位置。对父母而言，由于已经有之前照顾老大的经验，等到有老二后不会再犯过去过度保护或纵容的错误。换言之，他们对老二会比对老大严格，尤其是在发现由于自己的疏忽而造成老大某些不良个性或行为后，就不会让这些情况再发生在老二身上。因此，次子（女）在性格上会比长子（女）更有弹性，他（她）会为了获得父母的注意而不断地改变自己，因此也比较具有创造力。但是，他（她）常不能坚持己见，言行也较不一致。

**3.中间的孩子**

如果父母又给四个人的家庭添加了一位生力军，那么对于第二个孩子来说，原来老幺的地位被取代，使他（她）要去面对更多的竞争压力，可能产生更多让父母困扰的行为。中间的孩子不仅要与上面的哥哥（姐姐）在身心发展和能力上竞争，还要防止下面的弟弟（妹妹）抢走父母对他（她）的注意力，致使中间的孩子常会感觉到自己在家庭中的地位很不稳定，因为在竞争的过程中为了要保有自己的一席之地，一面要与哥哥

（姐姐）争权，另一面又要与弟弟（妹妹）争宠，也因此使得他（她）的个性一直摇摆不定。如果他（她）自己不能克服这种障碍，可能永远没有法子发展出真实的自我。父母对于这样的孩子应多加留意他（她）的心理发展，多肯定他（她）的一些能力。另外，四个孩子中的老三可能有双重地位，他（她）可能是前面三个孩子中的老幺，也是后面两个孩子中的老大，因此，他可能兼有老幺和老大的个性。

**4.幺子（女）**

无论是两个或两个以上孩子中的最小孩子，身为幺子（女）最大的优点就是，永远不会面对被别人取代的危机。幺子（女）总是期望父母永远把他（她）当作小宝宝，爱他（她）、宠他（她），所以老幺容易被惯坏，也较任性，是所有孩子中最可能叛逆的一个。通常，他（她）选择的学校专业或未来职业最可能不被家庭认可。他（她）在某些方面与独生子女很类似，经常是以弱者的姿态来唤起他人的同情，尤其是在兄姐都很优秀的家庭中，这种情形特别明显。

**5.独子（女）**

虽然身为家中唯一的孩子不会有被取代的危机，却没有年龄相近或是能力相当的孩子可以和他（她）建立亲密的关系。独子（女）一直生活在成人的世界中，这对于他们的性格发展可能产生两种影响，一是他（她）可能成为一个世故早熟的孩子，并且期望自己能达到成人的水平，因此他（她）可能无法与朋辈发展良好的关系，一些孩子要等到年纪较大后才会有改善，但仍有一些可能一辈子孤傲、不合群。二则是独子（女）容易学习到成人世界的应对方式，包括如何取悦成人，不过这反而使其有较高的情商和创造力。不过，有些独子（女）可能是一个永远长不大的孩子，一直以无助和弱小的姿态去博得别人的注意。对于一个独子（女）来说，父母最好在他（她）幼年时就多让他（她）与年龄相近的同学或朋友相处，学习群体相处的经验，否则其长大后会较难在这个日趋复杂的社会中立足。

孩子的性别也会影响家庭星座，如果家里某种性别占优势，那孩子可能以顺从或反抗方式来反映此种被期望的角色。但某些家庭中，个人心理上的地位并不代表实际的地位，有时兄弟姐妹中会产生角色互换，或者有些长子可能无法应对身为长子的挑战，而有些老幺却拒绝永远被当成小孩。此外，还有几种特殊的情形需要稍加说明。

许多父母把双胞胎的孩子视为合一的个体，并不把其看成两个独立的个体，而这种结果导致其可能寻求个别的认同。双胞胎在家庭星座中的地位相当有趣，当其知道出生孰先孰后，自然会形成老大和老二的关系。

家庭星座的排列形态，在孩子越多的家庭中愈显而易见，每个成员的地位和彼此对应的位置都很容易识别出来。在大家庭中，比较特殊的就是夹在中间的孩子，他们较会受到手足间年龄差距、性别不同、父母教育以及家庭环境的影响，出现一些与他们年龄、性别不协调的行为。在大家庭中也可能有数种家庭星座，例如某个四个孩子的家庭，大华（十八岁）、大明（十六岁）可能是一个大星座里的小星座群，而小美（十岁）与小珍（六岁）可能形成另一个小星座群。因为，孩子年龄差距较大，不仅手足竞争压力减低，而且对年龄小的孩子来说，年龄大的孩子经常扮演代理父母的角色，因为父母会要求他们照顾和管教弟弟妹妹。

再婚家庭的星座更为复杂，例如父亲与前妻有一个十四岁和一个九岁的孩子，而母亲和前夫有一个十五岁和一个十三岁的孩子。这个新组合家庭的四个孩子，其中有两个孩子原有的老大的地位，另两个孩子原有的老幺的地位，如今必须形成老大、老二、老三和老幺的排列顺序。这对于再婚家庭的父母会是一项重大挑战，因为这样的星座变化和带来的冲突，可能需要全家人花一段时间来适应。

上述简要地描述了家庭星座对孩子成长的影响，帮助父母解答一些孩子个性和行为问题的疑惑。当然，家庭星座的动力关系不止如此，它比我们想象的更为复杂，不仅相互牵动和变化多样，再加上每颗星的内在心理动力也非单纯从家庭结构便能观察到，因此若要深入了解需要心理专家的协助。

## 第三节
## 生活形态

在儿童早期，孩子利用创造力去发展自己的生活方式，逐渐形成心理学家阿德勒所说的生活形态（life style），也可以称为生活风格或生活方式。生活信念是生活形态的核心，包含了对自我、他人与外在世界的信念，它可能产生积极或消极的行为结果。

每个人的生活形态都是独特的，都是基于自己的生活信念并通过行为表现构成的人生蓝图，它可能形成积极的或消极的行为结果。比如，秉持“我要凌驾他人之上”信念的人总想如何争取胜利，甚至不惜牺牲他人的权利，但如果没有成功的机会，他会借着逃避或退缩来自我设限，表示自己不行或无能。有些人从童年经验中形成的生活形态，往往包含着一些错误信念，如我很差劲、我不可能、所有的人都不值得信任、生活总是危险的等消极信念。当孩子形成此类夸大且不真实的信念，将影响其日后的成长，因为他会据此作为生活的指引，而且深信不疑。这些错误信念一旦形成很难改变，除非得到如心理咨询、宗教感化或接受自我改变训练等。

了解孩子生活形态的影响因素，父母就能帮助自己觉察在孩子发展上所扮演的角色。每一个孩子受到这些因素的影响有所不同，有的是遗传影响较大，有的是家庭气氛、家庭价值观影响较大，有的则是父母的教养方式影响较大。然而，不可否认的，这些因素或多或少都有影响，而且通过它们的交互作用形成对孩子生活形态的整体影响效果。

## 一、遗传的影响

目前我们还不能准确地评估遗传对一个人的影响，因为还有一些其他因素也扮演着重要的角色。比如，一个身材矮小的人可能会有自卑感，但并非所有的矮个子都会自卑；一个体格健美的人可能很自信，但身体残疾的人不见得觉得自己不幸。先天矮小或残疾的人也许不能成为杰出的运动员，但可以成为一个杰出的运动教练或某一领域的专家。遗传因素虽然不容易改变，但我们却能决定自己相信什么和能做什么，因为自我价值感往往比遗传更为重要。对父母而言，了解孩子的能力和限制相当重要，不仅可以鼓励孩子接纳自己的不足，还能肯定孩子发挥自己的优点与长处。虽然我们以为人的某些特质或能力是来自遗传的，例如形容孩子“就像你妈的脾气”或者“你有爸爸一样的数学天赋”，但事实并非如此，虽然孩子的特质或能力会受到遗传的影响，但他仍然是有别于父母的独立个体。

## 二、家庭气氛的影响

家庭气氛是家庭成员互动所营造出来的模式，也是对家庭关系的一种形容。家庭气氛可以解释家里不同孩子人格特质的共同性或相似性，每个孩子都根据自己的知觉对家庭气氛有不同的感受。家庭气氛概略地区分，有混乱或规律的、紧张或轻松的、竞争或合作的、争斗或和谐的等。家庭气氛不只是体现在亲子关系上，也映照出夫妻的关系，因为父母关系不好对孩子的成长有着难以估计的负面影响。

## 三、家庭价值观的影响

家庭价值观是父母认为重要事物的信念，无论他们的看法是否一致，对孩子都有着深远的影响。父母对某些家庭价值观会清楚地表达，例如教育期望、宗教信仰、金钱使用等，但对某些价值观却不是那么明确地呈现，例如生活目标、权利支配、人际交往等。纵然如此，这些价值观都有形或无形地影响孩子的生活形态和人格发展。

孩子到了青少年期开始探索自己的价值观，他们可能暂时或永久地拒绝父母传递的家庭价值观，例如宗教信仰、家族聚会、交友对象、学校或工作选择等，此时很容易产生亲子之间的冲突。父母要了解青少年不可能完全接受自己的价值观，为了帮助他们建立自我的价值观，父母需要给予孩子探索价值观的机会，让孩子学习做决定并为自己的决定负责，而不是将自己的价值观强加在孩子身上，因为价值观或信念必须靠自己去体验、判断和选择。不幸的是，父母总是认为只要对孩子加以批评或指责，孩子就会接受自己的价值观，其结果反而是迫使孩子不愿真诚地与父母沟通。

鼓励孩子探索价值观并非意味父母对孩子毫无影响力，父母仍应清楚表达自己的价值观，以尽到教养的责任，特别是一些影响孩子身心健康发展的价值观。关于这类价值观，父母可以与孩子沟通自己的想法和为什么反对的理由，这是一种友善的、非支配性的积极影响。沟通的方式是先倾听孩子的想法，然后表达自己的意见，父母可以不认同孩子的价值观，但要尊重和理解他们的看法，通过开放式的双向交流，帮助孩子思考什么选择会产生怎样的结果。如此亲子间才可能达到某种程度的一致，父母也会对孩子所做的决定有较好的评价，而孩子也能清楚父母的价值观。

父母不要轻易批评孩子的价值观，这不会有什么好结果。因为，遭到挑衅的孩子反而更会坚持自己的价值观。例如，限制孩子去网吧，会发现他们逆反意愿更强；坚持孩子高中毕业后才能喝酒，孩子更容易染上酗酒的恶习。父母应该告诉孩子自己对过度上网或喝酒的看法，然后由他自己决定是否采取行动。如果孩子仍要去，与孩子商量一些行为规范，例如玩多久或喝多少等。如此做法虽然不一定能改变孩子的行为，但他会谨记父母所说的。所以，最好的处理方式是信任和沟通，让孩子明白父母期望他们做负责任的选择。

## 四、父母教育方式的影响

父母的教育方式不仅影响孩子的生活形态，而且影响他的人格发展。例如，采取高压专制的教育，孩子可能变得偏激或叛逆；采取纵容溺爱的教育，孩子可能缺乏安全感或变得霸道；采取忽而严厉、忽而宽松的教育，孩子可能变得阳奉阴违或无所适从；而采取平等的教育，亲子之间不仅有和谐的关系，孩子也会健康地成长。有一位青少年的家长在明白自己过去一些不当的教育方式后，后悔地说：“早些知道就好了！”无须气馁，父母只要愿意改变，永远不会嫌晚。

爱 就 是
读 懂 孩 子

爱就是读懂孩子

孩子的大多数行为背后都有其目的或动机，主要是为了满足他的归属感需求。虽然他可能不会很清楚地意识到，但这些行为目的可能发展为正面的行为，也可能发展为偏差或不当的行为。因此，父母要觉察孩子一些偏差或不当行为的目的，进而引导孩子朝着正面的行为发展。

Chapter 3

# 解码孩子的行为目的

## 第一节
## 儿童偏差行为的目的

归属感的需求对孩子而言很重要，他们希望有表现自己和贡献自己的机会，然而有些父母因为忙于自己的事，或者只要求孩子把书念好，而疏忽了给予孩子这种机会。另外有些父母则认为要求孩子做事是理所当然的，因此不断地指挥或支使孩子做这个、做那个，让孩子觉得做这些事是被强迫的，而且做了如果又没有得到任何鼓励，其结果可能是孩子转为抗拒、拖延或虚应的行为。因此，父母得多花点时间觉察孩子偏差行为的目的，并进行适当的引导。

一般而言，十二岁以下的儿童行为有四种目的，下面分别举例说明：

### 一、获得注意

妈妈正在厨房里洗碗，小华哭着跑进来说："他打我！妈妈，哥哥打我。"妈妈马上放下手中的碗盘，擦了擦手，准备去看看到底发生了什么事情，小华还是不停地抽泣着跟在她的后面。当他们一起到了小明的房间，小明正在画画，妈妈很生气地问他："到底发生了什么事？是不是你打了小华？""谁叫他要抢我的蜡笔！"小明理直气壮地回答。妈妈更生气了："你知不知道，打人是不对的。何况他是你弟弟，他那么小，你就不会让他一点啊！从现在开始罚你不准出去玩，一个小时之后才可以离开房间！”“那又不是我的错，都是他要抢我的东西！”小明很委屈地哭了起来。妈妈把小华带出去，又继续回去洗她的碗了，过了十几分钟以后，两兄弟又玩在一起了。

这是很多家庭常有的情形，但是这位母亲并不知道她的孩子打架的真正目的，是为了吸引她来介入他们两人之间（虽然一个看似是受害者，一个看似是迫害者），即使是责骂他们，而她的介入其实强化了两个孩子想要获得注意的需求，虽行为不一样，但目的相同。有智慧的父母是不会介入孩子们的战场的，他们会让孩子自己去处理，自己去解决自己的问题，当孩子发现他们的行为无法吸引父母的注意时，他们就会停止相互争闹。事实上，并不是只有儿童才会想要获得注意，有很多成人会为了这个目的而做出许多事情来，例如装病、炫富或打扮怪异等。

许多孩子的行为目的都是为了要获得注意，使得这个目的经常与不当的行为联系在一起。其实在孩子幼小的时候，也就是在行为发展初期，他会采用具有合作性的行为去获得特别的注意，如果他成功地达到了这个目的，那么他会变成一个好的孩子、一个完美主义者。相反，他也可能变成非常吹毛求疵或害怕失败的人。如果他不幸失败了，那么他就会去寻求另一种可能的途径来满足他的需求。因为既然建设性的行为无效，那么就采用破坏性的行为来试试看，一旦成功，家中又会多出一个不肯合作、逆反、惹是生非的孩子。碰到这种情形，父母一定要了解他们的这种行为只是为了要获得父母的注意而已。

## 二、争取权利

“莉莉，一个小时以前我就叫你把地扫干净，你怎么还不去扫？”爸爸很不高兴地质问着。“好啦！好啦！等我把这本小说看完了，我就去。”“我不要再听到任何理由了，你现在立刻给我去扫地！”“好啦！等一下啦！我马上就去。”五分钟后，地还是没有扫，爸爸很生气地把莉莉的房门推开：“我叫你去扫地，你听到了没有？你如果再不去扫地的话，下周你就别想拿零花钱了！”

在这个例子当中，显然父亲并不知道女儿为什么不去扫地的原因，她只是为了要和他玩争取权利的游戏。女儿并不一定要赢，她只要能迫使父亲加入这场战争，那么她的目的就达到了。这种情形常常发生在父母强迫孩子去做一些事的时候，这些事通常是他不想去做或是不愿意去做的。同样的情形也常发生在父母设法去制止孩子因为想要获得注意力而产生偏差行为时，孩子会转而使用争取权利来击败父母。虽然表面上在权利的争战中，最后胜利的往往是父母，孩子最终还是屈服在他们的权威之下，但事实上他们已经掉入了孩子一手策划的陷阱中。因此，父母需要留意是：一旦战争爆发，孩子就已经赢了。

### 三、报复

“丁丁，快去洗碗，不要再拖了！”妈妈又在催了。“好啦！等我把这个节目看完就去，现在正是最紧张的时候啦！”丁丁连动都没有动地坐在电视机前面回话。妈妈气得跑过去把电视机关掉：“告诉你我很忙，没有时间跟你耗，你快去把碗洗好，否则全家都不准看电视，我最讨厌你这个拖拖拉拉的毛病了。快去！叫了你几遍了！”“去就去嘛！干吗那么凶！”丁丁心不甘情不愿地边走边嘀咕。妈妈看到他去洗碗了，又继续去做自己的事，不过耳边总听到从厨房传来乒乒乓乓的声音，不一会儿，“哗啦”一声，一堆盘子和碗找不到一个完整的了。

通常碰到这种情形，大多数父母会很气愤地冲进厨房臭骂孩子一顿。从这个例子当中，我们可以看得出来丁丁对他的母亲采取的是报复的手段。通常由于权利竞争愈演愈烈，孩子会逐渐感到被排斥、被拒绝以及不被他人所爱，也无法在权利上压过父母，那么对于这个沮丧的孩子来说，他会认为只有以报复的方法，伤害别人，并且让自己被别人仇视，才会显出自己的重要性。与母亲的权利争战中，丁丁最后是属于失败的一方，因为他敌不过母亲的威胁，这对于他来说是相当沮丧的，而妈妈又因为他把电视关掉，这样会让他觉得很愧疚："全家就是因为我而不能看电视，他们一定会很讨厌我、埋怨我的。"这时候的丁丁在心理上感到非常不快，才会把碗摔破让妈妈也不好受。

## 四、自暴自弃

"珊珊，为什么这些数学题又做错了呢？奇怪，你的语文、英语成绩都这么好，为什么数学这么差？"妈妈相当困惑。"妈妈，在数学方面，我简直就是个白痴，连我们老师都这么认为！"珊珊哽咽着说。"老师有这样说你吗？""没有啊！不过老师每次问问题的时候，都会问那些数学成绩好的，绝对不会问我。"妈妈想了一下："我和你爸爸在数学方面都不是很好，我想这大概是遗传吧！"

当孩子感到非常沮丧的时候，他会干脆彻底放弃，因为他想反正再怎么努力也是没有用的，肯定还会失败。于是他就会放弃一切有建设性的尝试，转而寻求无助的途径。他会用"我没有办法""我无能为力""我天生就是不行"来保护自己，让别人对他不再抱有任何的期望，他也可以借此逃避责任或免受责罚。在这个例子中，珊珊就是这样，她在数学方面表现得一直很不好，她可能也试着努力过，想改变这种情形，但不论她再怎么用功、再怎么进步，依旧得不到老师的注意。这对她来说是一种相当大的打击，她感到非常沮丧，干脆就放弃数学。而珊珊的母亲非但没有做适当的处理，反而给了她强化的暗示，让她觉得在数学方面自己天生就是个白痴，也使得珊珊更有自暴自弃的理由了。

通常遇到这种情形，父母不要认同他的说法，也不要用惩罚或条件交换来企图去说服他，逼迫他继续努力。父母要做的是，了解他为什么会这样，在孩子感觉有一点成就感的时候，就给予他鼓励，让他能感觉到自己其实是有能力的。

通过上述对孩子偏差行为目的的说明，父母可以明白孩子为了寻求归属感而产生错误的想法。由于父母不了解其行为背后的目的或动机，并采取不当的反应，使得孩子的偏差行为不但未见改善，甚至可能更加恶化。

## 第二节
## 儿童行为目的变化与导正

如上一节所言，孩子的行为背后一定有其目的或动机。不同的孩子可能采取相同或不同的行为方式，来表达内心相同的目的。然而，孩子的行为目的会有变化，如幼儿时期大多行为目的开始多是为了获得注意，偶尔会出现争取权利的行为。而儿童期的孩子仍会表现获得注意和争取权利的行为，如果这两种行为目的不成功，便有了报复和自暴自弃行为的出现。下面进一步详细说明。

### 一、行为目的变化

孩子行为最常出现的行为目的是想获得注意。在孩子适应良好的情形下，他们通过成就表现来获得注意。比如，孩子可能通过自己优异的成绩或某些能力强项来赢得父母的称赞，从而达到引起父母注意的目的，也得到心理需求的满足。但令人担心的是，今天很多孩子把“成就”可获得别人的称赞当作一种目的，而非手段，其实他们自己内在并没有自我肯定的动力。一些孩子常常觉得要得到别人的赞赏就必须成功，而达不到标准时，便放弃了。多年前，有一位高中生在高考前夕，因为担心自己无法考上理想学校而自杀。据他学校的老师估计，这位学生至少可以考上普通高校，甚至考入更好的重点高校，但是他可能觉得即使有百分之五十的把握仍是不够的，于是他就放弃了，甚至结束了生命。成就可以获得注意，在某些方面可能是良好的适应，但在另一方面，可能也会产生副作用或后遗症。

其次，有些孩子以性格表现来获得注意，如乖巧、顺从等。通常父母会夸赞他们是听话的好孩子，这同样可以满足他们寻求关注的心理需求。

而在获得注意的行为中，最让父母感到困扰的是“破坏性－主动”的骚扰行为。例如父母在观看电视节目时，孩子总是在电视机前晃来晃去，父母将他们赶走，过一阵子他们又来了。又如父母在和别人谈话时，孩子在一旁又吵又闹。虽然在父母的制止下，他会安静一会儿，但不久又吵闹起来。这些都是因为他想得到父母的注意，所以借着一些骚扰行为来引起父母的注意。孩子想要获得注意的方法很多，苦肉计也是孩子常用的方法之一，如表现得体弱多病，常喊着身体哪里不舒服、哪里疼痛等。

孩子另外一种获得注意的“破坏性－被动”行为，通常表现为懒散或健忘。例如，孩子到了可以照顾自己的生活起居时，为了满足自己心理的需求也装着不会。曾听到一位母亲抱怨说，每天早晨叫孩子起床上学像一场战争似的，先是要叫了他不知多少次，不得不哄他、拉他起床，催他赶紧洗漱，再拉他到卧室穿好衣服，然后拖着他到餐桌前坐下，端上早餐，催他赶紧吃，最后帮他背上书包，穿鞋，直到把他送上校车后才得以喘口气，不幸的是孩子放学回来又是另一场战争，而且每天周而复始。这类不断催促孩子的父母，曾被心理学者称为“闹钟爸爸（妈妈）”。这个形容还蛮传神的，但可怜的是这些父母却不知如何应对，所以这种剧情依旧每天上演。孩子虽然因拖拉、磨蹭的行为被责骂，但是他心里清楚爸妈会为他服务，满足了他获得注意的需求。同样的，孩子的健忘行为也是如此，也是由于父母会不断提醒他，孩子就不必记住自己该做的事了。正如我们常说的，一个动作慢的孩子都有一个不断催促的爸爸或妈妈，一个健忘的孩子都有一个记忆好的爸爸或妈妈，一个不爱干净的孩子都有一个爱清洁的爸爸或妈妈，而且不幸的是这种吃力不讨好的角色通常是家中的妈妈担任的。

第二个偏差行为的目的是争取权利。有些孩子觉得他自己能做自己的事，不要父母管；父母要他向东，他偏向西；父母要他往南，他则偏往北。他知道自己在某些方面表现不好，却不希望父母管太多，一旦父母不停地唠叨，他便开始出现顶嘴、反抗等行为。例如，很多父母最感到头疼的是带着孩子逛街，当孩子看到摊子上或店里的玩具便要父母买，如果不买就又哭又闹，甚至躺在地上打滚耍赖。带着孩子上餐馆也是一样，他在餐馆里乱跑，尽管父母吼着："不要跑来跑去！"他偏不停止，因为他心里明白："在很多人面前爸妈不敢对我怎样，我就是要和你们对抗。"孩子另一个争取权利的表现是顽固。例如，当孩子做错事，父母责骂他时，他嘴巴嘟起、脸臭臭的样子，即使表面上承认错误，却是"口服心不服"，依然我行我素。

第三个偏差行为的目的是报复。很多孩子感觉到在家里得不到爱和关怀，于是误认为或假设自己受到了伤害，而去伤害别人，如偷窃、暴力攻击他人等，这都是报复的行为表现。曾经见过一对父母因为儿子偷了商店的东西，正在公安局里伤心掉泪，而那个犯错的儿子居然站在一旁冷笑着，我猜测他心中的想法可能是："如果这次的行为不够让你们伤心的话，下次我换另一个武器（可能更坏的行为），让你们更伤心。"另外一个报复的行为是消极侵犯，例如故意破坏家里东西、踢打猫狗、暗里欺负弟弟妹妹等，这些行为都可能是存有报复的心理所致。

第四个偏差行为的目的是自暴自弃，这是一种明显的心理或行为异常。我们经常发现有些孩子经过挫折后，会呈现无助、不要人管等行为。到了这个时候，孩子已经到了十分沮丧、完全无助的地步。例如，小玲自从妹妹小惠出生后，在家里的地位一天不如一天。小惠长得漂亮聪明，很得父母的宠爱。后来，小玲原本不错的学业表现也被妹妹超越，她用了许多想获得注意和争取权利的方法，不仅无效，还经常被责罚。有一天，她一气之下把父母送给妹妹的生日礼物——一只可爱的小猫丢到楼下摔死了，因为妹妹不肯让她抱小猫。当父母气愤批评她时，她狠狠地大叫："我就是要气你们，我生日什么礼物都没有！"小玲的心灵严重受伤了。不幸的是，在这之后，小玲住进了医院，医生诊断她有人格障碍。

图3-1中上端显示的"社会兴趣"箭头，由左至右表示孩子社会兴趣会随着行为的有效性逐渐丧失。表中左侧"社会沮丧"的箭头，由上至下表示随着偏差行为的严重程度，孩子会变得越来越沮丧。在图中，也可以看到孩子行为的目的区分为有效的和无效的，有效的是指适当的表现，无效的则是不当的表现；建设性是良好的行为反应，破坏性则是不良的行为反应；而主动是指显现在外、清楚可见的行为，被动则是隐藏在内、不易被发现的行为。

图3-1也显示，当孩子以有效的方法无法达到目的时，就会转而采取无效的方法。最常见的转变过程是：孩子先以建设性—主动的行为（如成就、表现等）来获得注意，若不成功可能转用破坏性—主动的行为（如骚扰、苦肉计等）来争取权利，若仍失败则以不良行为（如持续性坏脾气、偷窃、打架等）来达到报复的行为目的。其次常见的转变过程是：孩子先用建设性—被动的行为（如乖巧、顺从等）来获得注意，当不成功转为用破坏性—被动的行为（如懒散、健忘等）来获得注意，若再失败就以固执的行为来争取权利，如果仍失败就会陷入"无助"的角色中，达到自暴自弃的目的。除了上述两种转变路径外，少数孩子先用建设性—被动的行为来获得注意，一旦失败就失去自信，直接跳到自暴自弃。当我们发现孩子有了上述不良的行为，想要改变它，使之趋向社会可接受的行为时，其转

变的过程并不需要依倒退的路线逐步改变回去。例如，一个以报复为行为目的的孩子，通过一些教育方法可立即变成有良好适应和能力的孩子。

社会兴趣（→）

社会沮丧（↓）

| 有效的 | | 无效的 | | |
|---|---|---|---|---|
| 建设性—主动 | 建设性—被动 | 破坏性—主动 | 破坏性—被动 | |
| 成就表现 | 乖巧、顺从 | 骚扰、苦肉计 | 懒散、健忘 | 获得注意 |
| | | 逆反 | 顽固、口服心不服 | 争取权利 |
| | | 不良行为 | 消极侵犯 | 报复 |
| | | | 无助 | 自暴自弃 |

**图3-1　儿童行为目的变化**

上述孩子的偏差行为转变的情形，若以实际例子来说明会更清楚些。例如小强本是家中的独子，自认为在家中，不论从哪个角度看，他都是第一。但当他弟弟小华出生之后，他觉得父母已不像从前那样重视他，他要为自己的地位去抗争。刚开始也许因为经验的影响，他会用建设性—主动的方式去获得注意，以努力用功、好成绩或在其他方面表现优秀，来获得一席之地。如果这种方式达不到目的，他会尝试用破坏性—主动的方式，如行为粗暴来获得注意，或是再转为用反抗的方式。虽然用这种方式，必然遭到父母的责罚，但小强会认为我虽然在好的方面不是第一，但在坏的方面，弟弟就是赢不过我，大人就是要为我操心，我仍然是家中被重视的人。事实上，小强用这种方法很可能会达成目的。

我们再看另外一个例子。如松是家中最小的孩子，上面有哥哥姐姐，为了要在家中获得一席之地，他表现得很乖巧、很依赖，以赢得家人的表扬、重视。如果这种方式失败，他很可能转为用破坏性的行为，例如懒散、迫使家人为他服务，从而获得父母的注意。

## 二、父母的应对原则

在父母对孩子行为表现有所反应前，一定要清楚地了解孩子行为的目的。首先，父母应检视自己内在的感觉。如果孩子的行为表现让自己感到很困扰、苦恼，那么他的目的可能是想获得注意力。如果孩子的行为表现让父母感到没面子、下不了台、权威受到威胁，那么他的目的可能是争取权利。如果孩子的行为表现让父母感到痛心、伤心，那么他的目的可能是报复。如果孩子的行为表现让父母感到失望、想放弃、束手无策，那么他的目的可能是自暴自弃。因此，建议父母面对孩子不当或偏差行为时，先按捺住不好的情绪，让自己思考、停顿一下，或做几个深呼吸，然后检视一下自己的感觉，便可清楚地分辨孩子是哪一种行为目的，这样不仅可以避免强化孩子偏差的行为，并能保持平静地采取适当的应对策略。

其次，父母可以用一些话来加以验证。例如孩子的行为表现，如果让父母感到很苦恼、困扰，父母察觉到他是想获取注意，但是又不能肯定，此时父母可以问他："你是不是觉得没有人注意你？""你觉得爸爸妈妈不爱你了？""你是否觉得你在做功课时，需要有人陪着？"

假使孩子的行为表现让父母感到没面子、下不了台，他的目的可能是争取权利，而父母不敢肯定，不妨先问他："你是不是觉得自己要做一些事情，最好别人少管你？""你是否觉得自己可以做这个决定？"

倘若孩子的行为表现让父母感到痛心、伤心，他的目的可能是报复，父母可以问他："你是否觉得受到了伤害？""你是不是觉得别人不关心你？""你觉得这样做，心里会舒服些、快乐些？"

假如孩子的行为表现让父母感到失望、想放弃，他的目的可能是自暴自弃。这可以用下列话语来验证："你是否觉得没有办法帮助自己？""你是不是想放弃一些东西？""你觉得最好别人不要理你吗？"

以上这些验证孩子行为目的话语对十二岁以下孩子较为适用，对于青少年期的孩子可能没有什么效果，因为他们的行为表现较为复杂。此外，当父母使用一些验证的话语不一定得到孩子言语上的肯定回应时，仍可结合自己的感受和孩子的表情得到验证。

**引导正向的行为**

除了对孩子的偏差行为有所觉察和应对外，更积极的做法是引导孩子朝向正面的行为目的而努力（见表3-1）：如何满足孩子的归属感，使他觉得在家庭中有着一席之地。例如，摆碗筷、端菜、浇花、扫地等，父母不要因孩子年纪还小，有打破碗碟之虞而不给予机会。碗碟、花瓶等都没有孩子归属感获得满足和他们未来的成长重要。孩子会因为这些行为而觉得他是有贡献的、有价值的。其次。当孩子做好一些事情时，父母应该适时表达一些感激的话，如"谢谢你""没有你的帮助，我真忙不过来"之类的话，即使是一件很小的事情。另外，训练孩子独立自主的方法也相当重要。

**表3-1　孩子正向的行为目的**

| 孩子的想法 | 孩子的目的 | 孩子的行为 | 父母的态度 |
|---|---|---|---|
| 我有贡献，能力被肯定 | 获得注意<br>参与感 | 乐意协助 | 让孩子知道他做了多少贡献，并表达感激和欣赏 |
| 我能做决定，并对自己行为负责 | 权利主张<br>独立自主 | 自我管理<br>自我控制 | 让孩子自己做决定，让孩子体验正面和负面的结果，表达对孩子的信心 |
| 我对合作有兴趣 | 公平、正义<br>受尊重 | 和谐相处<br>不埋怨 | 让孩子知道你对他的合作很感激 |
| 我能决定不去争闹 | 退出争斗<br>合理要求 | 不乱发脾气<br>接受别人的意见 | 肯定孩子的行为是成熟的表现 |

## 赢得孩子的合作

有些父母对于要求孩子合作的问题常感头痛，甚至认为要孩子听从父母的话，简直是不可能的事。孩子一些抗拒、叛逆的行为显示亲子之间正陷入一种权利的争夺，没有任何一方愿意让步。

父母可以威胁孩子服从，还可以处罚孩子不顺从的行为。然而，父母需要停下来思考：我真的希望孩子盲目地服从，完全没有自己的想法吗？怎么告诉孩子是为了他好呢？亲子之间、手足之间又怎样才能和谐相处、互助合作呢？对此，我提出以下几点解决的方法：

（1）减少过多的命令。如果孩子相信父母的话，他会听从为数较少的命令，也知道父母之所以命令自己，一定有充足的理由，如出现突发的危险时，父母用尖锐高昂的声音、强硬的态度向孩子发出命令是为了他好。假如可能的话，父母还是尽量不要命令孩子。同时注意家中的安全措施，如将一些贵重、易碎的物品，药物，锋利的器具等收藏好，可以避免好奇心重的孩子发生一些危险的意外事件。一般来说，命令对十二岁以下的孩子比较有效，对于青少年期的孩子，不仅无效，有时甚至会带来反效果。

（2）与孩子一起讨论与计划。父母要求孩子遵守家庭规则，自己也得遵守。假如父母拒绝合作，那是很难要求孩子放下手上的玩具或书，来帮助你做家务的。孩子需要学习遵从由全家人决定的规则，而这些规则的设定最有效的时期是在孩子三岁以前。

（3）在可能的情形下，以“请求”代替“命令”。命令是要人服从，而请求则给予孩子选择的自由，让孩子自己做决定。民主的教育是让孩子从小学会独立自主。同时，父母平时多用请求的语气跟孩子说话，也是对孩子表示尊重，从而也能赢得孩子的尊重回报。

（4）让家中所有成员清楚地知道什么可以做，什么不可以做。在简明扼要的规范中，孩子不会怀疑或误解父母的期望，也不会对父母的话打折扣，而超出行为的限制。

（5）让孩子学习到不合作的行为结果。比如说，孩子饭后不洗碗筷或早上慢吞吞的导致来不及上学，这时父母可以问他：“你想我们该怎么处理这问题？”你可以与他一起决定该接受什么样的行为结果，如不洗碗筷，下顿饭可能就不做了；上学迟到则可能遭到老师处罚等。

（6）在家中每位成员同意的规则下，任何人违反了协议，必须立即执行其行为的结果，如取消看电视权益或自愿接受处罚。同时，要告诉孩子还有机会恢复权益或不再受罚，假如他同意遵守的话。此外，要问孩子是否觉得自己有能力遵守规则。

（7）假如孩子再度违反同一个规则，他除了得接受行为的结果外，还得等待更长的时间，才能有机会恢复权益或停止处罚。

（8）孩子从小就得学习家庭规则，长大才能遵守社会道德与法律。因此，父母可以与孩子讨论，制订一些家中规则。当孩子懂得表现出适宜的行为时，他开始成为一个有责任感的人。父母也得随时运用有效的家庭规则。

爱　就　是
读懂孩子

良好的亲子沟通是建立和谐亲子关系的基础，它不仅可以增进彼此的情感，减少彼此的冲突，而且能帮助孩子应对生活的压力，解决成长中遇到的问题。所有的家庭教育理论和研究都表明，没有良好的亲子沟通，运用再多或再好的教育方法都徒劳无功。

Chapter 4

# 父母说得越多，孩子听得越少

## 第一节
## 你是哪一类型的父母？

在一些家庭里，可以发现亲子的对话很类似，并没有太大的差别。例如，父母经常跟孩子说的话是这样的：

· 看你一天从早到晚都在外面鬼混，为什么不早点回家呢？

· 房间老是这么乱，什么时候才整理？

· 不要忘了喂小狗！

· 学校作业做完了吗？不要老是要我提醒。

· 吃完饭，碗筷要自己收，为什么总是要父母来做呢？

然后，可以听到孩子的回答："好啦！我会做""知道啦！真啰唆！""没问题，我会处理"等，相信父母对类似这样一问一答"交易式"的对话并不陌生。当然，父母免不了指示或吩咐孩子做一些事，但是采取唠叨、命令或责怪的方式，只会让孩子产生厌烦、反感和抗拒，即使他表面顺从，也只是虚应或敷衍了事。如果父母想与孩子有良好的沟通，必须学习有效的沟通态度和方法，让孩子乐意接受父母的指示或吩咐，也可以增进亲子关系。

事实上，大多数父母都愿意和孩子好好沟通，只是经常不自觉地流露出一些传统的角色，造成亲子沟通的障碍。在学习有效的亲子沟通之前，父母得先反思是否是以下七种传统类型（可能不止一种）。如果有的话，无须自责，鼓励自己开始改变，而且提醒自己，改变需要时间，慢慢来不要急。

## 一、指挥型

指挥型的父母习惯用命令的态度，指示孩子该做或不该做什么，语气无非是命令、警告，即使企图安抚孩子也是高高在上地要求。遗憾的是，父母的吼叫不断，孩子的行为未见改善。常听到这类父母的话，如：

- 要你做就做，没有这么多理由！
- 不要乱跑，这多危险啊！
- 你给我把这青菜吃了！快吃！
- 不要哭了！没什么好哭的！

## 二、说教型

说教型的父母习惯唠唠叨叨说一堆大道理，企图告诉孩子什么该做、什么不该做，其结果只会让孩子感到不耐烦和抗拒。有些父母只顾自己说个不停，甚至没有察觉孩子早已不耐烦地堵上耳朵了。常听到这类父母的话，例如：

- 跟你说多少次了，你应该如何如何……
- 从小习惯要养好，写字不要趴着、看电视不要太近……
- 我劝你少跟他来往，他会带给你坏的影响。
- 做人要诚实，美国第一任总统华盛顿小的时候……

## 三、万能型

万能型的父母喜欢表现出一副无所不知、无所不能的姿态，经常给孩子一些提醒、劝告或建议，甚至直接替孩子解决问题，其结果是剥夺孩子学习做决定和负责任的机会。常听到这类父母的话，例如：

· 想当年，我在你这个年纪早就会了。
· 知道错了吧！不听我的话，后果就是如此。
· 我吃的盐可比你吃的米还多，听我的就对了……
· 这都不懂，真笨！我来教你。

## 四、审判型

审判型的父母经常摆出判断对错或仲裁是非的模样，不是质问孩子的行为，就是评价孩子的表现，而且，总认为自己是对的，孩子是错的。其结果是扼杀孩子表达的勇气，甚至迫使孩子以否认或说谎来逃避责任。常听到这类父母的话，例如：

· 老实交代吧！你到底做了这事没有？
· 我看就是你不对，明天去跟同学道歉。
· 这件事你要负七成责任，弟弟只负三成。
· 你最好早些认错，等我查到了，你就要倒霉了。

## 五、批评型

批评型的父母与说教型、万能型、审判型的父母的目的类似，都是想证明自己才是对的，孩子是错的。不过，其采取的方式不同，通常会用嘲讽、挑剔或责怪的语气，甚至给孩子贴上标签。其结果是使孩子的自尊心受伤害，甚至产生自卑和退缩的行为。常听到这类父母的话，例如：

· 你以为自己翅膀硬了，想飞？
· 你的行为不是幼稚，那是相当幼稚！
· 怎么只考九十分？这么简单的题目都会错！
· 你真是笨！谁教你都会生气。

## 六、安抚型

安抚型的父母当孩子有负面情绪或压力时，以为说几句安慰的话或一些鸡汤式的道理，就可以帮助孩子纾解情绪或减少压力。其结果适得其反，孩子情绪被压抑、压力更大。常听到这类父母的话，例如：

· 别哭啦！
· 放轻松点，谁上台作报告都会紧张。
· 没有什么好生气的，做人要宽宏大量。
· 不吃一堑不长一智，以后就不会再上当了。

## 七、分析型

分析型的父母喜欢探讨孩子行为的原因，而且往往把问题归因在孩子身上，不仅不能帮助孩子解决困扰或问题，反而增加他的心理压力。常听到这类父母的话，例如：

· 我觉得错在你，因为你的态度不好。
· 你之所以感到焦虑，就是太在意自己的表现。
· 为什么你要采取这种不好的方法呢？

· 我分析你学习不好有几个原因，第一……

## 不爱吃饭的孩子

有些父母对孩子不爱吃饭的问题经常感到困惑。很多父母甚至有一种错误的想法：太瘦的孩子不健康。于是，他们采取各种方法来填塞孩子的肚子。不仅如此，他们还把孩子的吃饭问题变成自己的问题，例如说：“为妈妈吃一口饭”“为爸爸吃一口菜”等。由于父母没有处理好孩子的吃饭问题，使得每次吃饭就成了孩子跟父母玩的心理游戏之一，有时甚至演化成亲子间的一场混战。

美国心理学家戴维斯早在1928年就做过一个实验，他让一群孩子吃他们想吃的食物，而让另一群孩子吃大人给他们准备的食物。研究的结果非常有趣：那些高兴吃什么的孩子比另一群自己没有选择权利的孩子，反而长得较高、较重，而且较健康。他们有时只吃一两样喜欢的食物，有时对以前喜欢的食物一口也不吃；有时他们一天只吃少量食物，有时却一天三餐吃得很多。但是，仔细统计他们吃饭的量和质，也许每一餐并不足够或均衡，但一星期下来，他们对食物的摄取居然既足够又均衡。这研究的结论是，因为每个人自出生，体内就有一种获取均衡营养的本能。所以，父母无须担心，让孩子的本能充分发挥作用吧！

吃饭应该是一种快乐，父母不仅有权自己享受快乐，也应让孩子有权决定愿不愿意分享这份快乐。幼小的孩子固然需要父母的协助，但不要给予过多的指导和建议。有些父母习惯不断在旁提醒和催促，甚至帮孩子倒汤、喂饭，这种不必要的服务正好满足孩子获得注意的目的。

父母如果想改善孩子吃饭的问题，不妨采取以下几个建议：

（1）吃饭时的气氛必须愉快，让孩子觉得吃饭是一件快乐的事，而不是被父母挑剔或强迫的痛苦事，同时这也是增进亲子、家人之间沟通的好时机。

（2）让孩子自己决定吃多少，而且由他自己使用碗筷。当然，如果孩子幼小，可以给他一些协助。

（3）给孩子足够的时间和选择的自由，孩子会尝试各种食物。大人也许吃过上百种不同的食物，但通常孩子（尤其是年幼的孩子）选择食物还很传统，他可能会拒绝尝新的东西。

（4）不要期望孩子每顿吃一样的量，他这顿只吃一两口，下一顿他可能会吃得多些。事实上，我们大人也会因每天的身心状况不同吃多或吃少，或者喜欢的多吃一点，不喜欢的则少吃或不吃，孩子未尝不是如此。

（5）不要用甜点，如冰激凌、饮料等来诱骗孩子吃饭。如果孩子只想吃你准备好的蛋糕或小点心，就让他只吃这东西，因为它们分量不多，孩子很快就会饿了。

（6）吃饭是孩子的事，父母干涉太多，反而无法培养孩子良好的饮食习惯。因此，父母越少操心，对改善孩子不爱吃饭的行为越有帮助。

（7）不要勉强孩子吃饭。孩子不愿吃时，待其他人吃完，将饭菜收起来。同时把家里的零食收起来。等孩子饿了，吵着要吃东西时，以温和坚定的态度告诉他，等下一顿饭吧！这种做法可以让孩子承担不吃饭的后果，并吸取教训。有些固执的孩子可能好几顿饭不吃，甚至好几天不吃，这时，父母不要给他过多注意，要坚定地以行动表示，没有人能忍受长期不吃东西。为了孩子未来的正面发展，请收起没有帮助的同情心。

（8）不要在饭桌上和孩子讨论吃饭的问题，没有人喜欢吃饭时被唠叨或批评。孩子不想吃时，可以请他离桌，父母自己继续愉快地用餐。如果想讨论孩子吃饭的问题，等饭后，找一个适当的时机和孩子好好沟通。

采取行动比唠叨有效，父母可参考以上的建议，选择适用的方法实行一段时间（至少两个星期），相信会有意想不到的收获。

## 第二节
## 你懂得与孩子沟通吗？

在家庭生活中，我们可以发现许多父母常常滔滔不绝地讲，却很少听孩子说些什么，或让孩子有机会说出他的心声。渐渐地，孩子也就懒得向父母说什么了，这就会导致父母不了解孩子，也不能帮助孩子面对问题和解决问题，甚至还会造成亲子之间的紧张和冲突。为了避免这种情况发生，增进亲子沟通应是今日父母学习的重要课题。

谈到沟通，很多人都会认为很简单，就是谈、说、讲。因而，我们生活中经常听到领导对属下、父母对孩子、老师对学生说："来吧！我们来沟通沟通。"事实上，通常都是前者在说，后者在听。沟通是一门学问，如果有人对你说："你是一个很好的沟通对象。"通常并不是因为你善于表达或健谈，而是你很能倾听别人说话。为了增进良好的亲子沟通，父母不但要会倾听，而且以一种积极的态度倾听，这样会让孩子觉得受到父母的尊重和接纳，也意味着父母相信孩子所说的是有价值、值得关注的。那么，什么是积极倾听？让我们从学习一些基本的技巧开始。其实，许多父母都会这些技巧，只是需要多提醒自己和勤加练习而已。

### 一、倾听技巧之一：理解和接纳

当孩子心情沮丧时，渴望有人能理解他和接纳他，而理解和接纳并不意味着认同他的想法、情绪或行为。比如，有一天，就读中学的志明气冲冲地回来，对父母说："烦死了，上学真无聊，我恨死了！我要休学找工作，不要念书了。"父母面对孩子这样的反应要怎么理解和接纳呢？当然，父母不会希望孩子休学，但是面对沮丧中的志明，如果父母以劝告或说教的方式，告诉他完成学业的重要性、没学历找工作难等一些道理，志明会觉得父母不理解他，结果是他不想再说什么，父母反而错失了与孩子好好沟通的机会。

那么，如何才能让孩子觉得父母理解和接纳他呢？父母可先对志明的感受表达共情，然后引导他描述事情的经过，例如："听起来你今天在学校很不愉快，发生了什么事？你愿意说说吗？"此时，无论志明是否还在气头上，只要他开口吐露心声，他的情绪自然会渐渐平稳下来，之后才是帮助志明去思索解决问题的方法的最好时机。如果孩子一时还不想说，父母别强迫他说，他可能需要一段时间的独处。等志明的情绪好些时，他自然会愿意分享，因为父母的理解和接纳给了他表达的勇气。

有些父母在孩子的叙述中，对孩子的问题或解决方法早有主意，但往往因为急于表达自己的想法或太早提出建议，反而使孩子认为父母不理解他。因为，大多数情绪沮丧的孩子并不急于解决问题，他只是想独处一会儿，或有人愿意倾听他的心声。

## 二、倾听技巧之二：停、看、听

情绪感受是看不见、摸不着的东西，父母要怎样才能贴切地了解孩子的感受，并且适当地反映出来，就有赖于父母的倾听。要成为一个积极的倾听者需要"专注"，包括眼睛注视、侧耳聆听、上身前倾等，传递着"我正在听"的信息。事实上，沟通并不仅是言语的交谈，非言语的行为如表情、动作、姿势、语气、音调、说话速度等，也传递着沟通的信息，它们有时甚至比言语行为所传递的信息更具有真实性和可靠性。父母想要了解孩子内心的想法或感受，先掌握停、看、听三步骤：

停：停下手边的工作，给孩子表达的机会。

看：注视着孩子，观察他的非言语的行为。

听：耐心地倾听孩子说什么。

## 三、倾听技巧之三：留意孩子的非言语行为

父母要成为一位积极的倾听者，必须对孩子沟通时的非言语行为所代表的意义有所了解。通常孩子会借由下列行为表现传递不同的感受：

### 1.脸部表情和身体动作

孩子的脸部表情和身体动作会随着感受的不同而有所变化，常见的有：

哭泣：可能表示心理或身体受伤害、害羞、失望、挫折、生气等。

微笑：可能意味着高兴、愉快、掩饰紧张焦虑情绪或蔑视他人。

丢掷东西：一种发泄、生气、失望、不满或受挫的情绪表现。

僵直不动：可能表示恐惧、害怕、怀疑或吓呆了。

摇头：可能表示否认、不同意。

点头：可能表示同意、承认、认同。

打呵欠：意味着无聊、没兴趣、想睡觉或精神不好。

眼神集中：可能表示专注、有兴趣。

眼神逃避：可能表示焦虑不安、缺乏兴趣、害羞。

### 2.音调和语气

孩子说话的语气和音调同样也能反映孩子的情绪。常见的有：

结巴：可能是紧张、不安、兴奋、害怕、悲哀等。

不说话：可能是正在思考、悲伤、沮丧、郁闷、不高兴等。

语速快：可能是得意、兴奋、愉快、紧张等。

高昂尖锐：可能是兴奋、紧张、害怕、强调说话内容等。

孩子非言语行为的表现方式有很多种，相同的感觉可以借着不同的非言语行为来表达。当然，一种行为也可能代表各种不同的感受，具有不同意义。然而不可否认，每个人都拥有唯一独特的非言语行为表征，父母要了解孩子的情绪感受，最先要学习的就是留意观察和了解孩子非言语行为的意义。

## 四、倾听技巧之四：关注孩子的说话内容

当倾听孩子的谈话时，父母必须注意观察孩子的非言语行为，不时地与孩子眼神接触，但这种眼神接触不是紧盯不放地注视，同时还要避免打断孩子的说话，表现出轻松、注意、有兴趣了解的表情，并且不时地用“是的”“嗯”“我了解”或偶尔点点头，来表示自己专注于他所说的内容，从而鼓励孩子继续说下去。父母这些表现都能流露“我关心、我正在听”的信息。在沟通的过程中，父母倾听时千万不要随意走动、边做事边听或背对着孩子，因为这些行为可能令孩子认为你不关心他，对他所说的一切没有兴趣。此外，父母要避免对孩子说“好啦！我知道了”“别说了，我了解你的意思”等言语。因为这类话常常会让孩子不想说了，而父母所谓了解也许并不完全正确，毕竟对别人的感觉我们并不能真正知道，只能猜测。

## 五、倾听技巧之五：反映式倾听

反映式倾听是一种开放式的沟通，是父母对孩子表达的反馈，可以让孩子有“我被了解”的感觉。例如：

安丽在学校参加垒球校队的甄选，但是失败了。回家后，对母亲说：“我没入选垒球校队，有很多同学比我优秀，条件比我好。”妈妈回答说：“你似乎因为没选上校队而感到失望和难过？”

这是一种反映孩子内心感受的方式。父母就像一面镜子，将孩子的感受反映出来，帮助孩子看清楚自己，了解自己。

就像安丽的母亲一样，倾听的技巧可以先反映孩子内心受伤的感受，同时指出受伤害的原因——落选。在反映时父母并不只是一台录音机，重复孩子的叙述，而是整理孩子的叙述，找出孩子隐藏的感受，然后真实地呈现孩子想表达的一切。

由于过去的传统教育方式并不鼓励孩子直接地将感受表露出来，特别是负面的感受。所以大多数孩子想表达内心感受时，常常不善于使用有关内心感受或情绪的字眼，而将其隐藏于平常交谈的用语中，不易为父母察觉。而反映式倾听最大的优点就是指出隐藏于交谈背面的感受，帮助孩子从较合理的角度察觉自己的感受。

有时候孩子会用情绪的字眼来表达自己内心的感受，那么父母只需借由反映就能了解孩子的真正意思。但是，反映常被父母误用为阐释，反而造成更多的误解，因为反映和阐释是截然不同的两回事，举例来说：

孩子：“小莉答应会来和我一起去打羽毛球，可是她没来，我是全场唯一没有球伴的人。”

父母反映式的回应：“小莉没有来，你觉得很难过，也很生气？”

父母阐释式的回应："你是觉得别人会认为你没有球伴而嘲笑你？"

反映式倾听只是将孩子所说的，以自己了解的意思予以重述，而阐释则是将孩子所说的话加以解释或推论，即使父母的解释或推论是正确的，但是经阐释而产生的回应，反而让孩子认为父母是在分析，而不是了解他的感受。

那么，父母要如何成为一位有效的倾听者，让孩子放心地表达自己内心的感受，而不怕被拒绝呢？下列几点建议是值得父母注意的：

**1.即知即行**

除非父母习惯并熟练反映式倾听，不然刚开始练习反映式倾听时会感到麻烦或不好意思。事实上，无论什么新的技巧或事物的运用，刚开始总是令人感到奇怪的，但是如果反映式倾听可以改善亲子间的关系，相信暂时的不便或尴尬是值得的。

不过有些父母抱怨，练习运用反映式倾听时，还要先停顿一下并思考表达的内容，他们觉得更喜欢以前那种与孩子交谈的自然回应。这样的情形对父母与孩子而言都是不幸的，因为自然回应可能是冲动的反应，结果可能加剧孩子不良的行为或引发孩子的反抗，阻碍孩子合作的意愿。

此外，有些父母则生怕没有能力了解孩子的感受或会错意，而造成表错情，更导致亲子关系恶化。事实上，如果父母尚未了解孩子的意思时，可以利用开放式的说法："我怀疑……""是不是可能……"或者保持沉默、专心倾听，让孩子继续地表达其意思，获得更多信息，然后再回馈反映，或是对孩子说："我真的很想了解你，你是否能再将刚才所说的说一次呢？"或"我不知道是否真的了解你的意思，也许你可以再说具体一些？"父母可以借着孩子的重复表述，来求证自己对孩子了解的正确程度，然后再给予回馈。

**2.不强迫分享**

反映式倾听是一种开放式的交谈，也许对父母和孩子都是一种新奇的体验，可能需要花费许多时间才能建立坦诚开放的心胸。孩子也许会与父母分享自己的感受，也可能保持沉默，甚至离开，或否认父母所说的一切。然而，不论孩子做出什么样的反应，父母都要尊重孩子的决定，并接纳孩子的反应，千万不要强迫孩子马上说。因为在往后，他们仍然有很多机会表达自己帮助孩子的意愿。

有些孩子也许从来没有与他人分享感受的经验，所以还不习惯。当父母面对孩子沉默的反应时，这并不意味着父母反映式倾听失败。大多数孩子拥有一次被接纳的感觉后，会乐于与别人分享自己的感受。因此父母与孩子必须先建立一种相互尊重、相互接纳的关系，这样的关系可以让孩子有与父母分享的勇气。

**3.适当地反映**

当父母企图了解孩子的意思时，不适当的反映方式会丧失原有的好意，而造成伤害孩子的事实。因此，父母必须尽量使用适当且正确的字眼来反映孩子的意思。基本上，父母稍微夸大的描述反映会比一针见血的了解更令孩子有安全感，因为父母一针见血的了解易形成孩子的误解，当父母表现较夸大其词的反映时，孩子会加以澄清，并能体会到父母企图了解他的用心。

另外，有些孩子会传达一些不完全的信息与父母分享，令父母感到迷惑，不知所以然。这时父母可以反映所接受的信息，并等待孩子进一步仔细地说明。当然父母也可以说：“你可以告诉我怎么回事吗？”借着发问让孩子呈现更多信息。

当孩子有较强烈的情绪时，父母在使用字词上也是很重要的。如果父母能正确且适当使用“非常”“很”“实在”等字眼，会有助于传递“我了解你”的信息。也许父母可以很正确地反映出孩子的意思，但因用词不当，使孩子极力否认父母的反映。所以当父母反映孩子的意思时，除了要正确外，在表达反映时更应注意措辞，避免激发孩子的抗拒或防卫而产生负面效果。

**4.适时的提问**

在倾听孩子的过程中，父母适时的提问是有必要的，例如“然后呢？”“你觉得如何？”“你愿意告诉我吗？”可以帮助父母收集孩子更完整的信息。但是当父母拥有足够的信息时，不要继续提问，而是说出自己的理解，并且尽量使用“你似乎觉得……”“我听起来，你对这事情很不高兴？”等揣测的用语。

**5.倾听**

改善亲子关系是需要花费很多心思和时间的，父母必须多留一些时间来倾听孩子的心声。如果孩子想告诉父母一些事情，而父母正在忙，应婉转地向孩子说明，并与孩子约定确定的交谈时间。例如，手边工作一时停不下来，可以转身看着他说：“我现在忙着，半小时后我静下心来好好地听你说，好吗？”有时孩子急切地想表达一些想法或感受，父母可请他把想说的写下来。对幼小的孩子，则鼓励他以录音或画图的方式表达。

当然，父母也可以借着与孩子一起逛街、运动等机会，倾听孩子的心声，与孩子分享感受。话题不见得要局限于某个问题上，或许可以找些彼此共同的兴趣来聊一聊，或交换对某个事情的一些看法。因为反映式倾听并不仅是找出解决问题的途径，还可以理解对方和增进彼此了解。

**6.反映积极的感觉**

反映式倾听并不限于反映孩子的消极或负面的感受，对于孩子积极或正面的感受，如喜悦、满足、成就感等，父母也要予以适时地反映。与孩子分享他的积极或正面情绪，能让孩子有“我被父母关心”的感觉。

**7.不过度反映**

父母千万不要对孩子的一言一行都毫无遗漏地加以反映，因为这样会让孩子担心自己毫无隐私而产生不敢表现的退缩行为。相反，父母过度的反映也可能强化孩子不当的行为目的。所以，父母要真实地反映自己所得到的信息，千万不要过度敏感地反映或猜测孩子的感受，而让孩子产生被揭穿或被分析的恐惧。

**8.不要期望完美**

父母不要期望自己是完美的倾听者，如果一时不能正确反映孩子表达的感受，这样的情形是正常的。所以，父母无须担心自己是否会做出错误的反映，真诚且不带批判的态度是不会对孩子造成伤害的。

当然，有些父母虽然做了适当的反映，但是孩子仍然保持沉默。实际上，沉默有时是正常的反应，因为孩子的沉默也许是在思考父母所说的、整理个人的感受或考虑如何正确地表达。当然，沉默也可能是一种抗拒。所以父母面对沉默，需要静待和观察孩子的反应。如果孩子的沉默过长，父母则可以表示“你好像想到什么？说说看”“你正在想怎么形容自己的感觉，是吗？”“你似乎对我所说的很不以为然？”等。父母可以大胆地猜测孩子沉默的原因，并引导孩子继续表达。

如果父母怀疑孩子的言行是为了获得自己的注意、争取权利或报复等偏差行为目的时，父母可以用坚定委婉的口气告诉孩子你不能帮助他解决问题，但你相信他能找出解决之道；或是暂时转移话题，过一段时间再来与孩子讨论。也许孩子不喜欢这样的反应，但最后孩子终究会了解而愿意沟通的。

有时候，亲子沟通可能是一种父母与孩子玩的心理游戏，彼此设计一些陷阱引诱对方中计。父母身为孩子的表率，千万不要与孩子玩这类心理游戏，因为它会造成亲子间严重的不信任裂痕。反映式倾听是一种有效的沟通方式，它并不是一种心理游戏，而是基于尊重、接纳来营造安全和信任的沟通气氛，传递父母对孩子的关爱，从而增进亲子关系。

## 六、倾听技巧之六：采用反映式措辞

父母可以借着注意孩子的肢体语言、说话声调以及交谈所用的措辞来学习有效的反映。当孩子流露出情绪反应的信息时，父母要先给自己一些时间，大约十秒钟，试着问自己两个问题：孩了流露的情绪反应是什么？造成孩子这样的情绪反应的原因是什么呢？

当父母知道孩子的情绪和了解它的形成原因后，要怎么说出来呢？反映的措辞有很多种，但最重要的原则是一致的，就是使用假设的措辞来反映，而不是表现出一副“我都知道”的态度。事实上，父母不可能完全了解孩子所有的感受，应以不确定或揣测的声调和语气来反映。这样孩子才能无拘束地反应父母的猜测是否正确。如果父母反映适当，孩子会觉得父母很了解他。即使父母反映不适当或不足，孩子仍会感到父母试图了解的诚意，接着会做一些修正或补充，直到完全表达自己的感受。

通常父母最简单的反映措辞可以是：“孩子，你觉得……因为……”当然措辞上可以有一些变化，如“你觉得”可以变成“听起来你”“你似乎”；“因为”也可以用“由于”“可能是”取代。同时，父母在反映时要避免使用主观、武断的措辞，如“我认为”“我相信”等措辞。这不是反映，而是一种意见表达。为了让父母更了解反映式倾听，下面列出两段亲子对话的例子，提供给父母参考：

儿子：我实在不明白为什么我的朋友都可以去看电影，而偏偏我就不行呢？

父母：你似乎觉得我们对你很不公平，因为你的朋友都可以去看电影，是不是？

女儿：每次我上语文课时都想睡觉，我觉得老师上课很无聊、很呆板。

父母：听起来你很厌烦上语文课，因为它让你感到很无趣。

有时候，父母会发现孩子所说的话包含两种或两种以上的情绪信息，在这种情况下，父母要同时反映这些感觉，例如："你似乎觉得既生气又无奈，因为……"下面有两段对话，可以帮助父母更深入了解其运用：

孩子：我不知道该怎么办？如果我答应小康一起去参加晚会，那么我们可以拥有一个愉快的夜晚。但是小康的朋友小飞和小朱一定会在那里，我实在受不了他们两个人。可是我如果拒绝小康，也许会伤害到小康，而小康是我的好朋友，真是不知道如何是好。

父母：你似乎觉得很烦恼？因为你很想答应小康一起参加晚会，却又不愿意遇见小飞和小朱这两个人。

孩子：在学校我交不到任何朋友，他们总是有他们的小团体，所以大部分的人都不愿意和我聊天。

父母：你似乎觉得自己很孤独且被人排斥，因为你在学校中很难结交到朋友。

## 友善的亲子沟通

有些父母抱怨与孩子很难沟通，这意味着他们与孩子之间无法进行积极正面的交流，其主要原因是亲子之间没有建立积极正面的情感关系。与孩子说话应该有正面的目的：提供知识信息、说故事、解决问题、分享想法和情感等。父母如能表达友善，往往能得到孩子相对的友善，从而避免一些冲突时的言语伤害。有时“沉默”是一个有效的沟通，它能让你冷静下来，同时还能维持亲子之间的良好关系。如何传达友善的信息呢？以下有几点建议：

（1）接纳孩子。孩子必须相信自己本质上是好的，而且不管他说什么或做什么，你都爱他。你也许不喜欢他的行为，但你喜欢他的“人”。有时只要说几个字或一句“很好！”“我也有同样的感觉。”有时，微笑、眨眨眼、皱皱鼻或不说一句话地抱抱他，都表达出你接纳他。

（2）表达感情。有些父母只有在孩子还小的时候做一些表达亲昵的行为，其实不管孩子长多大，都需要温暖的身体接触，别丢失接纳与鼓励孩子对你表达爱意的机会。

（3）减少孩子之间的竞争。一个在竞争中失败的人，是无法对自己产生信心的，鼓励孩子彼此合作才是上策。

（4）语气柔和。欢愉的声音比高昂尖锐的声音更能赢得孩子的敬爱。

（5）注意自己非言语的行为。生气的脸色表达负面的态度。努力让自己冷静下来，微笑。

（6）承认自己的不完美。接受自己会犯错误的现实，让孩子知道你也是人，并不是毫无缺点或万能的。

（7）表达欣赏。让孩子知道你是多么欣赏他，不光是在他表现好时才这样。

（8）表达真诚的关心。当孩子跟你说 “妈！我好难过，今天考试考得不好。”这时你应该停下手边的工作，坐下来说：“愿意说给我听吗？”

（9）多说“我”，少说“你”。例如 不要说：“你不应该和弟弟吵架！”要说：“你和弟弟吵架，我很不喜欢。”

（10）不做价值判断。不要随意批评 否定他的想法，即使孩子不同意你的看法，也要认可他可以有自己 法的权利。

（11）反映孩子话里的真意。例如， 子放学回家说：“妈，我好恨我们老师！”这话是有点令人惊讶 但你要试着去了解：“哦？他对你做了什么，你会恨他？”孩子 答：“他今天处罚考不好的同学。”“哦？因为他也处罚了你，所 你很难过？”通过这样的反映，让孩子清楚自己真实的感受是“难 ”，而不是“恨”。

（12）引导孩子了解自己的真实情绪。 时孩子的话无法告诉我们全部的故事，他也不知道自己的情感反 假如父母表现出了解与接纳，他会更清楚地认识自己的情绪。例如 孩子说：“爸，哥哥是坏蛋！他弄坏我的小火车，我也要把他的玩 弄坏。”爸爸的反映是：“你感到很生气，想讨回公道？”

# 第三节
# 孩子不愿沟通怎么办

当父母努力学习反映式倾听的亲子沟通技巧之后，父母都会殷切地希望能善用这些技巧，尽一切所能来改善亲子沟通问题，增进亲子关系。然而，有时候仍事与愿违，有些孩子依旧不愿开口、不愿面对面沟通。面对这样棘手的情况，相信父母一定很伤脑筋！

面对不愿与父母沟通的孩子，父母首先必须了解“冰冻三尺，非一日之寒”的道理，所以改善现状也非一朝一夕就可以成功。要改善孩子原有的沟通态度，有赖于父母自我的改变来影响孩子的行为改变。有时候虽然父母表现出乐于倾听、接纳、反映表达的沟通姿态，但是太突然或过度地使用这些技巧，反而易使孩子感到不安或怀疑，甚至造成孩子的心理抗拒。而父母依然扮演指挥者、说教者、万能者或审判者等旧有的传统角色，更会令孩子感到不安。如此并不能提供安全愉快的沟通气氛，更不要奢望改善家庭中亲子沟通关系。面对“金口不开”的孩子，下面有三个沟通原则提供父母参考：

## 一、观察和合理的猜测

孩子非言语的行为可以显露他们内心的想法和感受，特别是脸部表情是最有力的观察线索。当孩子面带微笑、皱眉或生气的表情，父母可以适时地给予反映："你似乎很愉快哦！怎么回事啊？""你好像很难过，怎么啦？""你似乎很生气。"

也许父母最初的反映会遭到孩子的否认，特别是一些不愉快的情绪反映常为孩子所否认，他会说："没有啊！才不是呢！"当父母面对孩子这样的回答，父母并不需再做任何澄清，只要尊重孩子的回答并接受它，过一些时间再试一次。因为父母这样的行为虽然不能得到孩子立即的肯定，却能传递出父母对孩子的关心与尊重的信息，让孩子有股温暖的感觉。然而，父母适当地对孩子非语言行为进行猜测，并表达出来，有时候的确可以打开亲子之间的话匣子：

父亲：小德，怎么啦！你看起来似乎很生气？

小德：你说对了，我快疯掉了！每次我和小华出去，我们总是到小华想去的地方，他一点都不重视我的意见，我总是要听他的！

## 二、引导孩子分享感受

父母有时候可以请孩子对有兴趣的事物进行思考，并表达自己的看法或意见，而父母只是倾听，给予"是的""很好""是吗？我都不知道！说来听听"等反映。这样的沟通行为，并不是要父母去试探孩子的隐私，而是尊重孩子的讨论、了解孩子的兴趣。有时候父母也可以利用简单的询问，来达成亲子间的沟通：

母亲：今天上学感觉如何？

小莉：不怎么样，我的老师很顽固、很呆板，一点乐趣都没有。

母亲：听起来你似乎觉得难过？

小莉：我尽我所能做好一切，但是老师总是不满意，我真不知如何是好！

母亲：你似乎不知道该怎么办？

小莉：是的，如果继续这样，那么我的成绩就无法提高了。

类似这样以询问开始的交流，有时可以开创父母与孩子共同解决问题或发现问题的机会，协助孩子探索问题和找出解决问题之道。

## 三、亲身示范

父母要先以身示范，与孩子分享自己的情绪和想法，作为孩子学习的榜样。父母可以与孩子谈谈自己的工作、朋友、运动或喜欢看的书等话题，不要期望孩子能分享自己所有的事情，因此不要谈论沉重或消极的话题（如生活艰难、挣钱不易、待遇不公等），也不要借机批评别人或社会。这样的分享示范会使孩子觉得父母对他是信任的，也让孩子有勇气分享自己的想法和感受，从而促进良好的亲子关系。

### 快乐的亲子游戏

对于幼儿园或小学低年级的孩子，父母可通过亲子游戏训练他们良好的行为。运用的原则如下：

（1）时间选在晚饭后进行，每天20分钟。

（2）这是属于父母和个别孩子单独相处的时光。如果家中有其他的孩子，要安排另一个时间。

（3）当时间到了，只要和孩子说："我们一起玩的时间到了，今天你想玩什么？"在合理范围内，由孩子选择想玩的游戏，唯独不能选择看电视。如果孩子邀你加入游戏，放轻松点，拿出童心与他共享欢乐。

（4）玩游戏时，可以用生动有趣的话语来描述玩的过程。这样可以让孩子知道你对玩的游戏有兴趣。

（5）尽量少问任何问题，除非你不确定玩些什么或怎么玩。除此之外，在玩的过程中不要试图指挥或控制孩子。让孩子轻松地享受你的陪伴，而不是教导孩子怎么玩。

（6）告诉孩子你喜欢游戏的什么部分，并随时给孩子一些鼓励。鼓励必须是真诚的，不能过于讨好，例如："我喜欢我们这样一起安静地玩。"

（7）如果孩子开始出现不当的行为，只要转身看别处一会儿。若这种行为一直持续，告诉孩子游戏结束，并离开现场。要再给孩子一次机会，告诉他如果行为良好，你会再跟他一起玩。如果他又出现不当行为，告诉他明天再玩，并立刻离开。

（8）父母每天分别都用这样的时间与孩子相处，如果实在做不到，父母也可以轮流陪着孩子玩。刚开始的前几周，最好是每天或一周至少五天。一段时间后，可以改为每周三天或四天。

以上这些原则看似容易，做起来可不简单。许多父母在初期会有疏忽，通常无非是试图指挥孩子、提太多的问题或者没有给孩子足够的鼓励。不过，不用担心，只要鼓励自己下次改进，效果会越来越好的。

爱 就 是
读 懂 孩 子

在一次讲座中，有一位女士抱怨说："我也想和孩子好好说话，可是他就是不听，根本不了解我的心意，惹得我常生气！"这种情形的确会让许多父母产生类似的情绪。那么，要如何让孩子了解父母的感受，并愿意接受父母的想法，并且在亲子间产生意见不合或冲突时，也找到双方都认同的解决方法呢？

Chapter 5

# 孩子，让我们好好说话

## 第一节
## 表达孩子能接受的信息

许多父母对孩子说话，习惯性地用带有“你怎么……你怎么……”的用语，这通常带有批评或责备的含义，有的父母甚至有时还用手指着孩子说，更让孩子有不受尊重的感觉。因此，与孩子沟通时应尽量少说带有“你”的批评或责备言语，而是多说表达“我”的想法或感受的言语。

### 一、少说“你的信息”

“叫你擦窗户已经五次了，怎么还赖着不动，真是够懒的！”

“告诉你多少次了？不要把外套丢在沙发上！”

“电视关小声点！你没看见我在打电话吗？你这孩子实在太不懂事了！”

如果孩子听到这些抱怨，会有什么感觉呢？他会乖乖听话并且好好合作吗？基本上，这些信息都隐含“贬损”之意，代表了责备或批评，容易引起孩子的反感，这种沟通不但无法鼓励孩子与父母合作，反而会导致反抗和敌意。

遇到挫折时，我们都会说出这类的气话，只是一味地抨击别人，而不知道去做一些建设性的事。当孩子的某些行为不当时，父母如果不想使用责骂或警告的方式，那么怎么办呢？

利用上述的例子来加以说明，想象你自己是孩子，如果母亲告诉你：“我叫你擦窗户已经五次了，怎么还赖着不动，真是够懒的！”你会心甘情愿去擦窗户吗？而如果母亲说：“我叫了你那么多次，你都不愿意去擦窗户，我觉得很难过，因为似乎我说的话都不算数。”此时，你会有什么感觉呢？上述两种信息实际上有何差异？在往下阅读之前，请花几分钟来思索一下。

在第一种信息中，母亲是在孩子身上加上标签（懒惰），并且以个人情绪的方式责骂他。但是，在第二种信息中，母亲只是告诉孩子她心中的感受。母亲没有责骂孩子，而是表达她自己的感受（我觉得难过），而且尊重孩子，相信孩子能帮助她解决问题。

当孩子不听话或不合作时，可能是因为父母与孩子沟通时传达了“你的信息”。通常，“你的信息”带有“贬损”的意味，所采用的方式通常为责备或批评，而这些信息会使孩子产生气愤、受伤、不安或无价值的感受，孩子也会以“你们都不关心我”“你们不了解我”作为他在父母心目中缺乏个人价值的证明。

事实上，当父母以“你的信息”的方式与孩子沟通时，就是试图以个人的情绪来责备或批评孩子。不少孩子必须每天面对父母这样的唠叨、批评与责备。若父母一再地让孩子生活在这种家庭环境中，只会使他的不当行为日益严重。

## 二、多说“我的信息”

“我的信息”是“你的信息”的一个改良方式。“我的信息”仅是对孩子表示自己的感受及关心，并且表达信任孩子会尊重父母内心感受的想法。有些父母会使用“你让我很难过”“你使我很不高兴”或是“是你惹我生气的”，类似这种你让我、你使我、你惹我的话，意味着孩子掌控着父母的情绪。父母不妨停下来问一句："谁是自己情绪的主人？"没错，是你自己。因此，不要对孩子说"你让我觉得不愉快"，而是直接向孩子表明"我觉得难过"。

为了更明确区别"你的信息"与"我的信息"，以前面的例子而言，两者不同的表示：

**1.你的信息**

"告诉你多少次了？不要把外套丢在沙发上！"

"电视关小声点！你没看见我在打电话吗？你这孩子实在太不懂事了！"

**2.我的信息**

"当我看见外套丢在沙发上时，我觉得很不舒服，因为我很想保持客厅的整齐。"

"当电视这么大声，我打电话好吃力，因为我无法听到对方在说些什么。"

在"我的信息"中，没有命令和要求孩子做什么的表示，但孩子会了解到他们本身的责任，明白自己必须做什么。避免告诉孩子解决问题的方法就是尊重孩子的智慧、善良本性以及合作的期望，这即是"尊重"的最佳形式。

## 三、运用"我的信息"的步骤

"我的信息"强调对孩子"行为"本身的感受，而非对自己或孩子"个人"的感受。当表达对孩子行为的感受时，必须注意的是对事不对人，此即意味着：应强调行为本身，而不是人本身。表示不愉快时应该针对某一个特定的行为而言，例如"我发现大门没锁""我发现垃圾没有倒"或是"你迟到两个小时"等，而这些话都针对某个特定行为，而不是针对犯错的当事人。强调的重点在于所关心的行为，而不是针对任何人。

当父母描述对不满意或不愉快事件的感受时，应该是针对本身的感受来加以描述，例如“我很失望”“我非常关心”或是“我很担心”等。父母应该了解，实际上不是行为本身使自己不快，而是行为的后果使自己、别人或孩子觉得不舒服。比如，假如女儿某天深夜未归，事实上不是“深夜未归”的行为本身令父母不快，而是女儿的晚归让父母担心是否发生了什么事。父母对女儿晚归的感受实际上是对行为本身后果的一种反应：“当你这么晚还没回家，我非常担心，因为我担心可能发生了什么事。”

有时父母描述孩子行为，不得不使用“你”这个字，仍然可以避免责备的意思。以上面的例子而言，父母说：“当你这么晚还没回家……”，在这句话里虽然有“你”这个字眼，但并没有责备。

“我的信息”的沟通有一个特定的形式，父母可先模仿着练习，熟练后可改造成自己习惯的形式。基本的步骤是：

（1）描述事实。具体描述孩子的行为或事情经过，而非指责或批评孩子。例如“这两天你没有喂小狗”而不是“当初是你要养狗的，而且答应要喂它”，如果再加上“你一点责任感都没有！”那就更糟了。

（2）表达感受。例如“我很难过（很累、不高兴）”。

（3）说明理由或原因。例如“因为我必须去照顾它”。

（4）提出期望。例如“我希望你以后能好好地照顾它”。

“我的信息”的沟通无须过多的说教，越简洁的陈述越能让孩子明白父母的教导。刚开始练习时，不妨参考一个基本的用语：“当……我觉得……因为……我希望……”比如：

小明全家原本计划好周末一起去郊游，但是小明一定要和朋友去玩。

父母表达“我的信息”：“本来我们已经计划好全家人共度周末，而你却临时改变心意，我很失望，因为我们都希望你能一起去。”

有时，第四步骤可以省略不说，因为父母做了前三个步骤，孩子已经知道以后该如何做了。比如：

小华是全家人最后一个出门的，却忘了将大门锁上。

父母表达“我的信息”：“当我今天下班回家，发现大门没锁，我很担心，因为小偷可能会进来偷东西。”

“我的信息”步骤并非一成不变，前后顺序可以依个人习惯或情况调整。例如，父母可先说理由或原因，再表达自己的感受：“当我今天下班回家，发现大门没锁，小偷可能会进来，我非常担心。”

此外，还要提醒父母留意三点容易疏忽的地方：

（1）使用“我的信息”不能只描述事件和理由，而忽略表达自己的感受。例如“这么吵，我没有办法讲电话”或“外套丢在那里，我没法子整理桌面”等，都是不太好的沟通语言。

（2）非言语的行为也很重要。“我的信息”是一种友善、尊重和真诚的沟通方式。如果父母的表情或姿态不是如此，孩子会更相信父母的非言语行为。

（3）当父母表达感受时，必须谨慎地选择表达感受的用语，不应只是笼统地表示“我不满意”或“我不快乐”，而是清楚、明确地说明感受，例如“我觉得很着急”“我很惊讶”“我觉得不受尊重”等。

此外，含有“标签”或“判断”的，可能使“我的信息”变成“你的信息”，例如“你怎么这么邋遢……”“你这么做让我们觉得很困扰……”，而“我的信息”是：“当我发现客厅满地都是饼干屑时，我很生气，因为……”“原本我们已经计划好一起去郊游，而你却不去，我很不高兴，因为……”

“我的信息”的沟通方式提供了亲子间表达情感与解决问题的一个基本模式。这种沟通方式也可以解决孩子自身的问题，例如“我很担心你跟大头在一起，因为他常做一些不好的事，而且可能会被警察抓起来，你跟他一起会有麻烦的”“看你吃这么多零食，我实在很担心你的健康”。孩子也许仍把父母的话当作耳边风，至少父母已经表达了对他们的尊重与关怀。如果父母能在话中加上相信孩子能自己做决定，并对自己的选择负责任，更能让孩子接受父母的观点，也会进一步反思。不过，父母表达这些话如果带有情绪，那得到的只有适得其反的效果。

## 四、避免生气的语气

“我的信息”的沟通中如果含有生气的意味，仍是“你的信息”的沟通。因为当父母显露出对孩子的行为生气，很难让孩子相信父母不是因为生气而责骂他们。一般而言，“敌意”会使别人产生防卫的心态，双方会变得更对立，甚至引发冲突。当然，也有例外存在。如果父母和孩子间拥有开放、诚实的关系，那偶尔的生气是有助益的。但是，如果生气只是用来发泄彼此的敌意，这种“我的信息”沟通不具任何效用，因为仅仅在你怒火爆发之前的表达“我觉得……”，就会让孩子认为父母在责骂他。

请牢记，生气只会增加孩子的对抗或报复。如果父母能学会不以生气的方式来表达自己的感受，更能表达对孩子的尊重。同样的，孩子也能从中学会理解和尊重他人。

有时，孩子的行为让父母产生的情绪不止一种，那要如何表达“我的信息”呢？我们以下面的一个例子来说明。

志勇早上出门上学前，答应妈妈放学后立刻回家帮忙，因为晚上家里会来客人。但是下午志勇放学了两个多小时还未回家。妈妈不仅生气，而且担心孩子会不会出了什么事。等到志勇终于踏进家门，妈妈的担心消除了，怒气更为高涨。此时，如何应对这种情况？一则是深呼吸而不说任何话，孩子自然知道哪里做错了。另一则适当地表达“我的信息”：“你答应过放学之后立刻回家帮忙，却迟了两个多小时，我很担心，因为不知道你发生了什么事。我也很生气，因为你没有遵守承诺放学立刻回家。”

当然，父母有时会无可避免地说出“你的信息”，只要能在气消后向孩子表达真诚的歉意，例如：“我很抱歉刚才对你发脾气，因为我正在气头上，希望以后能改善。”这样不仅让孩子明白父母的感受，也从父母身上学到“人非圣贤，孰能无过”，只要能真心认错且知错能改。

此外，如果父母担心自己的情绪可能一时控制不住，在与孩子沟通前，把“我的信息”先写下来也是一个好法子，这样既可以避免立即的冲突，而且能较心平气和地思考应如何表达。而如果父母仍觉得当面表达可能仍会有情绪，可以找一张纸写下“我的信息”，放在任何孩子看得见的地方。比如，一位母亲留在孩子书桌上的信息是：

> 早上，当我走进厨房准备早餐时，发现昨晚的碗筷都没洗，我很生气，因为这种情形已经好多次了。我们约定好的，每周一、三、五晚餐后由你洗碗筷，但你没有遵守约定。所以，我们要找个时间坐下来讨论这件事情。

在教育孩子上，“我的信息”与上一节谈到的反映式倾听各有其作用，父母应考虑不同的情况并加以运用（参考表5-1）。至于判断是“谁的问题”的概念和方法将在下一节介绍。

**表5-1 反映式倾听与“我的信息”的运用**

| 情　况 | 谁的问题 | 反映式倾听 | “我的信息” |
| --- | --- | --- | --- |
| 朋友没有邀请孩子参加生日会，他很难过 | 孩子 | 因为你没有被邀请，所以有被排斥的感觉吗? | |
| 儿子骑车的速度太快 | 父母 | | 你骑车速度这么快，我很担心，因为可能发生意外或使别人受到伤害 |
| 女儿计划在开学前拿掉牙齿矫正器，牙医却说还要再戴上两个月 | 孩子 | 原本希望开学前拿掉矫正器，现在又必须再等两个月，你一定感到非常失望，对吗? | |
| 儿子在朋友面前耍威风，为了使朋友折服而以粗鲁的语气对父母说话 | 父母 | | （在朋友离开以后）你用这种语气对我说话，我很难过，因为我希望能像其他人一样受到尊重 |

## 第二节
## 是孩子的问题，还是你的问题

与孩子沟通时，父母适时地表达自己的感受也是沟通的一部分，因为除了倾听孩子的心声外，父母也希望孩子能了解自己的感受。什么情况应采取积极倾听，什么情况该表达自己的感受，常令父母感到困惑。因为，用得不对，可能产生沟通上的反效果。换言之，在与孩子沟通时，父母是扮演倾听者的角色，还是表达者的角色，就变得很重要了。首先，父母要清楚地区分问题所有权，然后考虑如何应对。

### 一、区分问题所有权

父母的确给予孩子无微不至的照顾，而且有时候这样的照顾似乎太过度了，对于有关孩子生活上各方面的问题，父母凡事都要参与处理。于是父母从早忙到晚，不得休息片刻，更不用谈要拥有属于自己的空间和时间。每当孩子房间乱了，就有父母收拾残局；孩子功课不好，会有父母来操心；孩子有了困难，常是父母出面想办法解决。父母如此无微不至的“服务”，让孩子不必为他自己的行为负责任，长久下来，无形中让孩子养成了一些不良习惯，并做出一些不当的行为。

有时候我们不禁深思：难道孩子在生活上各方面的问题都是父母应负的责任吗？父母应该为孩子处理所有的问题吗？事实并非如此，有一些问题是属于孩子自己的，如果父母坚持要为孩子处理或服务，会养成孩子依赖父母的习惯和心态，甚至会引发孩子抗争或叛逆的行为；同时，父母这种做法也否定了孩子的能力，剥夺了孩子学习、适应、处理问题和发展责任心的机会。因此，父母应该把问题处理的所有权划分清楚，认清什么该管，什么不该管。属于孩子的问题就让孩子自己去解决，同时也让自己拥有更多属于自己的时间和空间。

让孩子处理属于他自己的问题是一件很重要的事情，不但可以让孩子有学习成长的机会，也是给予孩子一种生活的训练。当然，父母这样做并不意味着停止对孩子的照顾、关怀和爱，而是肯定孩子处理问题的能力。这样的管教态度对孩子而言，就像送给孩子一份“信任他”的礼物，虽然不用花钱，却是一份无价的礼物，可以让孩子建立自信心和自我肯定，最终成为一个有责任感的成人。

区分问题所有权要怎么做呢？通常，建议父母面对这样的困惑时先问一问自己：“孩子这个行为有没有干扰到我？”“孩子的问题是否造成伤害，包括对他自己或他人？”如果答案是否定的，那么就不关父母的事，那是属于孩子处理的范围。如果孩子与自己的老师、朋友或兄弟姐妹有了冲突，那是他们之间的事，无须插手或强加干涉，父母只需从旁加以引导和关注。下面就是区分问题所有权的例子：

小杰最近因为和好朋友闹翻了，所以心情很坏，情绪低落。虽然妈妈倾听了小杰的诉苦，同时也表达了对小杰处境的了解和同情，但是问题要如何解决呢？小杰的母亲想，是打电话给他的好朋友，问问看他们发生什么事，帮助他们解决问题呢？还是等小杰自己去处理？

由于这个问题并没有干扰到小杰妈妈的生活，所以很明显，这是小杰自己要处理的问题，妈妈无须插手，以免剥夺了小杰学习的机会。

当父母碰到孩子某种行为时，先确定这个问题的所有权。在区分问题所有权时，要先考虑孩子这种不良问题行为是否有什么目的，然后再考虑问题所有权该属于谁。如果是孩子的问题，那么就让孩子自己处理，父母只要给予适当的关注和鼓励就可以了，千万不要“多管闲事”。

在区分问题所有权时，父母也可以问自己另一个问题：“谁的需求没有得到满足？”父母效能训练的创始人哥顿博士依据父母与孩子的需求更清楚地区分如下：

（1）如果孩子需求的满足受阻，则问题是孩子的，此时父母须视情形决定是要倾听、协助孩子找寻解决方法，还是让孩子独自面对。

（2）如果孩子满足了他的需求，而他的行为也没有干扰到父母，因此双方都没问题。

（3）如果孩子满足了他的需求，但是他的行为干扰了父母，此时是父母的问题。

（4）如果孩子与父母的需求有所冲突，产生亲子纠纷，有待调解，则亲子双方须协商，一起讨论解决问题的方法。

因此，只有在孩子的行为确实干扰到父母时，才表示问题与父母有关。此时，父母多用“我的信息”来表达自己对孩子这种行为的感受，包括他的行为如何干扰到自己，以及自己对这个干扰的感受如何。在描述自己的感受时，父母切记不要加上任何批评或指责的话语。

当冲突发生时，要把自己的谈话局限在了解感受及问题讨论上，心平气和地和孩子进行友善的沟通。提醒自己，讽刺、嘲笑或施加压力对建立良好的亲子关系是有害的。也要避免给孩子加上“标签”，如“你是坏孩子”“你真笨”等罪名，因为这种做法表示父母对孩子的不尊重和不信任。

## 二、属于孩子的问题

属于孩子自己的问题，父母不要袖手旁观，因为孩子可能需要你帮助他寻求解决的方法，但是寻求解决方法不是给予忠告，也不是帮助孩子解决问题。一般而言，忠告是强加于孩子身上的警告，这将使孩子视其为父母控制他们的意图。而且，忠告也会使孩子养成依赖父母的习惯。寻求解决方法是帮助孩子找寻各种可能解决问题的方法，其过程包含五个步骤：

**1.了解和澄清问题**

运用反映式倾听的技巧让孩子觉得他是被了解与接纳的，然后再去理清跟问题有关的特定事件，并运用开放式问题来获取信息。如果需更多信息，可以在与孩子谈话的时候反复运用这个步骤。

**2.运用头脑风暴法**

从询问“你想找一些解决问题的方法吗？”开始，若孩子不愿意，则回到步骤一，并且表示体谅他此刻不想说什么，同时还要表示他如果需要的话，任何时候都愿意给予协助；若孩子愿意，便和他一起思考可能的解决方法。在此，鼓励父母运用头脑风暴的方法，这是一种不加评价、自由、具有创造性的思考方式。其方法是尽可能提出各种解决问题的构想。需要注意的是，除非确定所有的构想都提出了，否则不可以批评任何人提出的意见。此种创造构想的过程将会孕育出有效的问题解决方法。当父母觉得孩子的构想值得一试，便迈入步骤三；若觉得其构想不可行，或是想不出任何构想，便可以利用下面激发思考能力的方法来帮助孩子：

（1）让孩子假设问题不是发生在自己，而是发生在朋友身上。有时候，我们似乎很容易替别人解决问题，却对自己的问题不知所措，所谓“当局者迷，旁观者清”就是这个道理。比如，父母可以对孩子说：“如果小明有同样的问题，你会告诉他怎么办？”当孩子提出一些他所想到的解决方法之后，父母再问他：“你觉得所有的方法中，哪一个方法对你最好？”

（2）运用角色演练的技巧。先让孩子扮演有问题的当事人，之后再由父母扮演先前孩子所扮演角色的当事人，借此机会向孩子显示各种不同处理问题的方法。等角色扮演完毕之后，再询问他自己的问题处理方式与他一般的处理方式有何不同。

（3）提出建议。建议不同于忠告，“忠告”是告诉人家应该做什么，而“建议”则是提供可能的解决方法，让孩子拥有绝对自由的选择权去接受或拒绝。当你提出建议时，最好采用下面的问句形式：“你考虑过这个方法吗？”“如果使用这个方法，你认为如何呢？”

**3.评估所提出的方法**

一旦所有可能的解决办法都激荡出来之后，就必须开始很小心地加以评估。评估时只能一次一个方案，评估后还要总结每一个方案，同时询问孩子对每个方案的意见。

**4.选择一个解决办法**

询问孩子：“你认为哪一个方法对你最有用？”让他自己做决定。为了确定孩子真正了解问题以及明白为什么某一个解决办法最可行，可以运用开放式问题来澄清孩子所做选择的理由，例如：“你认为这个方法最合适吗？”“还有其他方法更合适吗？”这个步骤正是示范孩子一个放诸四海皆准的问题解决过程。

如果父母认为孩子所提出的解决方法不可行，就帮助他了解这个方法可能产生的结果。例如，父母可以提出自己的意见：“如果这么做，你想会有什么结果？”而父母可能还要提出自己的意见：“依我看来，这似乎……你认为怎么样？”然后，要孩子考虑先前提出的办法，或是再运用头脑风暴法想出更多的方法。父母必须牢记，除非情况相当急迫，否则行动的选择权应交给孩子，因为行为的当事人必须对其行为后果负责。

**5.承诺和设定评估的时间**

“尝试”与“做”之间存有极大的差异。当人们说：“我会试试看。”通常意味着他们怀疑这方法不可行。然而，寻求解决办法所要求的是对行动的肯定承诺。所以无论如何，父母必须要求孩子在一段特定时间内去实行双方同意的解决方案。通常，三四天至一个礼拜已经足够辨明计划的可行性。因此，父母可以要求孩子：“你愿意在这个星期中实行这个计划吗？”

设定好评估的时间后，亲子间可以讨论计划实行的情形。如果孩子的解决方法没有成效，也不要提供自己的做法，而是应该让他自己决定是否继续实行计划、改变计划，或是选择其他方案等。然后，再决定亲子是否需要再次讨论，并相应安排讨论的时间。

如果在双方同意评估的时间之前，孩子就抱怨计划不可行，你可以表示：“我想我们都同意这段时间内实行这个计划，但是我还是尊重你的决定。”许多孩子，甚至父母都存有“一试见效”不切实的期望，而在此必须强调的是，改变不是一蹴而就的，而是渐进的。

如果在限定时间到了以后，孩子还不与父母讨论计划实行的情形，父母也不要逼迫。有时候父母稍晚些再提醒孩子规定时间已经过去了，然后再询问孩子计划进展的情形。此时，父母也可以说：“你还愿意谈谈这事吗？”牵起话头，让孩子谈谈计划执行情况。

## 如何应对爱发脾气的孩子

父母常会误以为孩子发脾气，是对自己权利的一种挑战，其实并不然；因为他们也有生气的权利，只要不是经常，应不算是什么坏毛病，不妨让他们有机会发泄！因此，重要的并不是父母该如何压制孩子的情绪，而是应试着去了解孩子生气的原因，然后再谋求解决的方法。

很多研究证明显示，喜欢发脾气的孩子跟父母有绝对关系，譬如，父母经常吹毛求疵，尤其喜欢当着他人的面责备孩子的话，孩子就可能因自尊心受损而生气。类似的情形，父母应该避免，否则孩子发脾气的毛病，就会层出不穷。从小依赖成性的孩子，也很容易因缺乏自制力，而在碰到困难的时候动怒，对于这种孩子，父母应从培养孩子的独立性着手改善。

此外，父母管教态度不一，分配不均，动不动就拿孩子出气，也是引发孩子生气的主因之一。诸如此类的情况，都该做适度的调整，如建立一套一致的管教态度，分配力求公平，不要把孩子当出气筒等。

如果这些方面都已考虑过了，而且确定没有问题，或许孩子有其他情绪困扰的原因，建议带孩子去一些专业的心理咨询或治疗机构求助。

## 三、与父母有关的问题

“我的信息”的沟通方式虽然可以解决许多亲子间的问题，但也有不管用的时候。此时，父母就必须进入“协商”过程。这个过程中也有相同的五个步骤（见表5－2）：

**表5-2 寻求解决方法的步骤**

| 步骤 | 孩子本身的问题 | 与父母有关的问题 |
|---|---|---|
| 1.了解和澄清问题 | 当别人嘲笑你的时候，你好像很难过。他们笑你时，你的反应是什么？而你生气时，他们的反应呢？ | 当你晚归时，我非常担心，因为我害怕你发生了什么意外 |
| 2.运用头脑风暴法 | 当他们笑你的时候，有什么事情是你可以做的？ | 你觉得很不耐烦，因为我太啰唆了，是吗？ |
| 3.评价所提出的解决办法 | 你跟他们一起笑，你觉得这个方法如何？ | 我们如何解决这个问题，可以使我不再担心，而你也可以支配自己的生活？ |
| 4.选择一个解决方法 | 你认为哪一个方法最好？如果选择这个方法，你想会有什么结果？ | 如果你有事晚回家，可以打电话通知家里，你觉得如何？ |
| 5.承诺和设定评估的时期 | 如果你跟他们一起笑，看看会有什么结果。或许他们会对你有新的评价。你是不是愿意试试看呢？那星期天我们再来讨论结果好吗？ | 好像我们都同意这个方法，是吗？如果你超过十五分钟之后才会回家，就打电话通知我。让我们来试试这个方法，三个星期以后再来讨论计划实施的结果，好吗？ |

**1.了解和澄清问题**

当父母需要与孩子讨论问题时，最好是找一个彼此都心平气和的时间。因此，亲子讨论时，父母最好选择孩子没有其他杂务缠身的时刻，同时采用“我的信息”的沟通方式与孩子展开谈话，并运用反映式倾听的技巧。必要时，再运用开放式问题与孩子沟通。必须注意的是，父母要明确自己的期望以达成相同意见的解决办法，并且在犯错时要勇于认错。

**2.运用头脑风暴法**

询问孩子解决问题的方法。必要时，跟他们解释头脑风暴的过程，如果需要的话，父母也加入头脑风暴的行列，毕竟问题与父母有关。但是，父母仍必须以孩子提出的方法作为优先考虑，并且小心地不要对任何提议加以评价，且要记录下全部的方案。

**3.评价所提出的解决方法**

依照所提出的方法的先后次序，要求孩子对每个方法提出意见，之后再以直接的态度表示对每个方法的意见。例如："我喜欢这个方法，因为……""我不喜欢这个方法，因为……"从而删除那些可不列入考虑的方案。

**4.选择一个解决方法**

这个步骤中，亲子必须共同决定双方都愿意遵守的方法，而父母只要很简单地询问孩子："我们要选择哪一个方法？"让孩子说出他的想法。所有提出的方案都可以加以修正，或是重新加以组合。

**5.承诺和设定评估的时间**

当亲子双方对选出的解决方法表示认同后，父母首先应询问孩子是否愿意遵守计划，然后再表明自己也愿意依照所订的计划行事的意愿，最后共同决定执行计划的时间，以及确定讨论计划执行结果的时间。

在协商过程中必须明确地讨论破坏协议的后果，父母可以表示："如果因为某理由不遵守我们的协议，那必须担负的后果将是什么？"这种做法也许会让孩子认为父母不信任他而生气，但父母可以给孩子解释："这个做法无关信任或不信任的问题，而只是预防措施罢了。"此外父母也可以补充说明："没有人是完美的，包括我本身在内。"另外，父母也要明确说明自己破坏协议所必须担负的后果是什么，因为这是公平问题，只有双方站在公平的立场上，协商才行得通。

为了确保双方都了解及牢记协议，父母必须将协议内容记录下来，并且双方都必须在协议上签字。听起来似乎过于形式化，不过最后我们会发现白纸黑字的协议是十分有效的。

与孩子协商时，必须牢记下面解决问题的四大原则：

**1.建立相互的尊重**

任何冲突中，尊重对方常常是合作的关键。如果父母能先表示对孩子的尊重，孩子也会尊重父母。当然，第一步父母首先必须尊重自己。当父母决定不与孩子对抗或向孩子屈服，而是寻求彼此接纳的解决办法时，亲子就可以建立彼此间相互的尊重。反映式倾听、开放式反应，以及分享彼此的感情，都能帮助父母建立亲子间相互的尊重。

**2.针对问题**

在亲子的冲突中，实际上很少争论问题的症结本身，而只是争论一些琐事，比如孩子的房间凌乱不堪、迟归、未经允许就拿父母东西等。事实上，冲突的问题症结在于父母与孩子的信念和目的（如争取胜利、主控权与权利的目的）。父母必须认清根本问题所在，并针对此问题对孩子表示："或许我们之间问题的症结就是双方都想在冲突中获胜，但我无意打败你，我只想找出如何使我们能和睦相处的解决办法。"

**3.改变目前的信念**

冲突中，对手双方所持信念都是："我决定拼了！"然而，在双方展开一搏时，事实上他们都企图改变对方，而这是毫无效果的。解决冲突的唯一办法是"自我改变"。父母要有自我改变的意识，而不是一味地要求孩子应该照自己的意思行事。如果父母能自我改变，改变也会发生在孩子的身上。

**4.平分决定的责任**

如果父母能与孩子一起决定如何解决双方的冲突，那将可能建立更进一步的合作关系，孩子也会更愿意遵守所做的决定。

## 四、难以判断是属于谁的问题

一些父母问："有时，孩子的行为很难判断到底是属于谁的问题，或是分不清是谁的问题，那该如何是好？”其实父母无须为这类问题烦恼，因为判断的主动权在父母，而应对的方式则视判断后来采用的是自然的行为结果，还是合理的行为结果而定。比如，孩子因为贪玩而作业写得很晚，还是写不完。虽然，依照上述区分问题所有权的原则，这应该是属于孩子的问题，因为作业是学校老师交代给学生的任务，这与父母无关。因此，应由孩子自己去面对因贪玩而写不完作业的自然结果。父母应对的原则是不予理会，顶多去关心一下（反映式倾听）：“累了吧！这么晚功课还写不完，你一定很着急（很困了）吧？”然后回房睡觉。不过，父母在次日早上仍然照常叫孩子起床，接下来的自然结果是孩子作业没写完被老师处罚，或者是作业写得很晚才完成，致使次日起床很痛苦或上课没精神。然而，有的父母担心孩子睡得太晚会影响身体健康或造成次日精神不足等，认为这个问题与父母有关，那么就采用行为的结果，先表达自己的感受（“我的信息”），如：“当看到你这么晚了，作业还没写完，我很生气，因为吃完晚饭后你都在打游戏。”或者“这么晚了，你还没写完作业，我很担心，因为明天早上你可能起不了床（上课时精神不够）。”然后，给孩子提出要求（有限度的选择）：“你必须去睡觉，明天早起半个小时来写作业，或者到学校看老师会怎么处理。”也许日后孩子仍然有这种行为，但是通过几次的经验，相信孩子会学会对自己的行为结果负起责任来。

# 第三节
# 开放式的沟通

帮助孩子成长，父母需要和孩子进行有效的亲子沟通。前面我们已经详细介绍了两种沟通方法，这些方法能帮助孩子了解事情，进而面对生活中的各种挑战。这里我们接着再介绍几种有效的亲子沟通术。

## 一、非评价式的反应

当父母倾听孩子的诉说时，如果孩子能将自己的情绪无拘无束地说出来，与父母分享，常常可以借此帮助他们控制纷乱的情绪。而鼓励孩子分享情绪的不二法门就是开放式的沟通反应。

开放式的沟通反应不是通过推论增加孩子所传递的信息，也不是忽略某些内容缩减其传递的信息，更不是对孩子传递的信息做评价，而是一种父母与孩子的信息交换。父母采取开放式的反应会令孩子产生一种被了解的感觉，觉得父母了解他所表达的一切。相对地，封闭式的反应对孩子而言，意味着父母不注意、不关心他，孩子当然也就觉得父母并不完全了解他说的话，因为孩子将父母的封闭式反应视为一种判断或分析，甚至是一种中止交谈的信号。

也许从下面的案例分析中，父母可以更清楚了解开放式反应和封闭式反应的差别：

孩子：老师最讨厌了，每次当我周末想出去玩一下，她总是要在星期一考试，害得我不能出去放松放松，还要花很多时间去准备考试。

父母甲：孩子，不见得所有事都能尽如你意，你知道，有时候计划并不一定能实现。好啦，准备考试去吧！

父母乙：你觉得学校老师必须依照你的计划而改变考试日期吗？

父母丙：听起来似乎你很失望和生气，因为老师星期一要考试，使得你必须取消周末的计划？

从三种不同的回答中，我们可以发现父母甲表现为“我全知道”的角色，他忽略了孩子的情绪反应。父母乙虽然与孩子彼此交谈，但互动信息的措辞可能被孩子误认是批评和攻击。父母丙的回答兼顾倾听与了解，他了解孩子的情绪反应，倾听了孩子的感受，这样的互动最容易形成亲子间开放式沟通的气氛，让孩子乐于与父母分享自己的情绪和想法。

积极倾听并不是光听孩子说什么而已，父母还要观察孩子非言语的行为，配合自己的专注行为，运用停、看、听的技巧，并适时地给予良好的反馈，也就是积极倾听。父母的倾听并不暗示父母必须同意、赞许、认同孩子的行为与感觉，而是表达父母对孩子的关怀与了解。有时候，常听到一些父母抱怨：“现在的孩子真难管教。”事实上，并不是孩子变得顽劣或叛逆，不愿听从管教，而是父母很少听听孩子的心声，孩子缺乏表达心声的机会，使得父母并不了解他们的一切。所以要了解孩子的心声，父母不妨多花些时间倾听孩子说些什么，试着做一个有效的倾听者。

## 二、开放式的问句

恰如积极倾听一样，问题可分成封闭式与开放式两种。一般来说，封闭式问题只要求回答“是”或“否”，它很容易阻断彼此谈话，有些封闭式问题甚至采用反问的形式要求听者附和其意。比如，父亲质问儿子：“你不认为应该先做功课，再玩电动玩具吗？”或是母亲气愤地询问女儿：“你觉得女孩子可以整晚在外面鬼混吗？”这种问话方式的目的在于使孩子无反驳机会，只好乖乖认错。而以“为什么”为首的问句也是一种封闭式问题，比如，“为什么你这么做？”这种类似斥责的质问通常会导致孩子做出“防卫性”与“合理化”的回答。此外，以“是不是”为首的问句也是一种封闭式问题，例如“玻璃杯是不是你打破的？”“弟弟的玩具是不是你弄坏的？”等。

相反，开放式问题则是采用以“哪里”“何时”“什么”“谁”“如何”为首的问句形式。比如，父母表示“这事发生在哪里？”“你喜欢哪一点？”“这件事你有何感觉？”等。利用此种沟通方式使亲子双方的谈话能继续下去，并借此找出所需要的信息，或分享彼此的感受。

但是，上述几种问句形式并不能保证一定是开放式反应。说话的语气、肢体动作、动机都值得注意。比如，声音粗鲁、不友善的表示：“谁说这是真的？”“你要去哪里？”任何人都听得出说话者语气中的敌意，因此孩子便不可能毫无保留地回答问题。

下面提供父母一些将封闭式问题转变成开放式问题的方法：

封闭式：你的作业还有问题吗？

开放式：作业进展得如何了？

封闭式：为什么你不听我的意见呢？

开放式：哪一个意见最能代表你的想法呢？

封闭式：为什么你就不能跟老师和平相处呢？

开放式：老师的做法使你觉得困扰吗？

当然，开放式问题也无法保证孩子会与父母分享内心的感受。比如，当父母很关切地询问孩子："事情进展得如何？"而孩子却淡淡地回答"没问题"。此时，父母就可再问："没问题是指什么意思？"利用此种询问方式，父母就可以了解到，回答是孩子内心的真实感受，还是他们应付的一种方式。

封闭式问题并非全无效果，有时候也有其作用。比如，父母必须会"察言观色"，当孩子想谈谈他的问题时，父母则可以表示："你想谈谈吗？"当孩子想寻求解决问题的方法，则表示："你想谈一下可能的解决办法吗？"此时，承诺与同意是十分重要的。比如，父母可以采用下面的沟通方式以表达对孩子的尊重："你愿意说说吗？""下星期五我们再来讨论这件事，看看它有何进展，好吗？"此外，采用"为什么"的问句来探求他人的动机，可使问题趋于明朗化，例如："你认为她为什么要这么做呢？"

与孩子讨论问题解决方法的一个重要原则是尽量简化问题。只要询问想了解的信息，并且尽可能使用开放式问题，而其中最重要的原则是：在拥有足够的信息已经足以让你下结论时，千万不要再谈其他问题了。比如，当孩子的外表或声音显得很悲伤时，就不宜说："你觉得如何？"而应表示："今晚你似乎很沮丧。"这时使用反映式倾听更可以打破沉默，使亲子的沟通能继续下去。

## 三、寻求解决方法

寻求解决方法是建立良好亲子关系的一个有价值的技巧。在寻求解决方法的过程中，亲子双方都可以学习到合作之道。而且，孩子在学习解决问题的过程中，也能学习到如何处理自己的问题，解决与他人的冲突以及如何在生活中做决定。

在此，简要地以一些参考的话语来说明寻求解决方法的方法和步骤：

（1）使用积极倾听，以了解和澄清孩子的感觉，如“你很生气……”。

（2）用头脑风暴探讨可能的解决问题的方法，如“想想看有什么方法可以让你和同学相处得更好些……”。

（3）协助孩子选择解决的办法，如“你认为哪个方法最好？”

（4）讨论决策的可能结果，如“如果你这样做，结果会怎样？”

（5）决定执行决策，如“那么你决定怎样做？什么时候开始？”

（6）计划何时做检验执行结果，如“你打算进行多久后，我们再来讨论实行成果？”

此外，寻求解决方法的时机是极重要的。除非孩子本身愿意与父母分享感受，否则最好能停留在倾听的阶段。如果父母企图在孩子尚未有心理准备之前就寻求解决办法，无疑是刺探孩子的隐私。当孩子很频繁地与父母分享感受时，也就是表示对父母坦诚。此时，正是父母可以和孩子讨论解决办法的时机。

如同其他方法，寻求解决办法也可能被误用。孩子可能发觉惹麻烦是获得父母注意、同情与安慰的一种方式，而他可能会利用这种方式试验或证明父母实际上并不能帮助他。如果孩子是为了上述理由才与父母讨论问题的，父母就必须肯定而和蔼地表达自己的意思：“我是十分愿意帮助你，但只有在你确实想解决问题时，我才会伸出援手。”

在传统教育观念的影响下，许多父母在孩子表现好时给予称赞或表扬。这种强化孩子良好行为的方法本无可厚非，而相对的，父母也很清楚，孩子表现不好时是得不到称赞或表扬的。如果孩子一直表现不好，我们就只能看到一个沮丧的孩子在得不到任何称赞或表扬的情况下失去自信，表现自然越来越糟。有些父母会用条件交换来利诱孩子："如果你……就可以得到……"等，这种类似交易的形式更使得称赞或表扬失去了意义。

Chapter 6

# 你用对鼓励了吗?

## 第一节
## 鼓励不等于称赞

父母效能系统训练创始人戴克斯曾说过：“孩子需要鼓励，如同植物需要水一般。”鼓励是帮助孩子建立自尊和自我价值，给予孩子能力肯定的一种历程。为人父母者借由这种历程，一方面增进亲子关系，一方面激发孩子的自信心和潜能。

### 一、鼓励与称赞不同

一般人总以为鼓励就是称赞，称赞就是鼓励，其实二者有不同的目的和效果。鼓励和称赞都针对孩子良好的表现，虽然称赞有时可以是鼓励，但它不等于鼓励。称赞是奖励的一种，着重于比较和竞争。孩子必须表现优异、名列前茅、超水平等，才能赢得称赞。因此，称赞意味着：只有孩子达到父母的要求，或达到了父母期望的标准，他才能获得父母的称赞。对孩子而言，称赞是一个外在的推动力，如果他预计得不到它，那么他就会放弃努力。

相反，鼓励不同于称赞，它在孩子有任何进步和努力时出现。鼓励着重于孩子能力的发挥，并且帮助孩子经由贡献己力而获得价值感；鼓励肯定孩子的优点和长处，却无须压倒别人才有价值感；鼓励重视孩子内在的自我激励，而且不对孩子做价值判断。换言之，鼓励不同于称赞是它在孩子受到挫折失败、内心沮丧、无法面对生活挑战时，它仍然可以出现，因为它包含了父母的自信和对孩子的信任。

## 二、称赞的副作用

有些孩子为了能得到父母的称赞而表现良好，这会使他们相信其个人的价值在于取悦他人。而有些平时表现不好的孩子则经常感到沮丧，因为他们很少得到称赞，他们认为自己永远达不到父母期望的标准，并因此贬低自己的能力，即使他们偶尔做好某件事而得到父母的称赞，但过后却表现更差。这是为什么呢？父母也许会产生这样的疑问。这是因为孩子不相信自己值得称赞，当他们得到称赞时，反而感到焦虑不安，害怕以后再也得不到父母的称赞，因而影响了后面的表现。

有些孩子会抗拒父母的权威而拒绝做任何可以得到父母称赞的事。再不然，如果此次得到称赞，他们随后会做另外一件不好的事来推翻前次的称赞，因为孩子不喜欢父母通过称赞来控制自己。

自我激励或自我称赞则是另外一回事，孩子对自己的表现感到满意，内心会对自己进行自我激励和称赞。这种根据自己的判断以取悦自己，而非取悦别人的想法和做法，便深具鼓励的意义，因为孩子以自己为荣。

## 三、称赞可以成为鼓励

一般而言，父母称赞的话常带有价值判断的意味，如“你真是个好孩子！”“第一名，太棒了！”“我真以你为荣！”等。这种含有外在评价的称赞常会使孩子产生错误的想法。当他们不认为自己是好孩子或一直保持这样好的状态，例如，当他们考不到第一名或无法样样使父母为荣时，他们便可能认为自己是坏孩子、没有价值、没有能力，因为他们的表现完全依赖父母的称赞。因此，孩子对自己的观点和评价比外人施予的评价重要得多。

前面我们说过，称赞不等于鼓励，但有时也可以是鼓励。事实上，父母会发现有时运用称赞是很自然的事，而且做得适当也没有什么不好。例如，孩子画了一张图确实不错，父母称赞说："画得真好，我很喜欢！"或者是孩子帮忙做家务，父母由衷地感谢说："你真乖，谢谢你！"此时，父母的称赞就是一种鼓励，因为它表达了真诚、欣赏、感激，并且肯定孩子的能力和贡献。因此，父母如能不仅仅是期望孩子的表现杰出或优异，而是看重他们是自己的孩子，并且不因他们表现的好坏而转变态度，真正接纳和关爱他们，这就是鼓励。而称赞要成为鼓励，基本上要满足四个条件：

（1）父母称赞的目的不是为了控制孩子达到自己期望的标准。

（2）父母称赞孩子不含价值判断，不强调竞争和比较。

（3）孩子行为的目的，不是为了获得称赞（或奖励）。

（4）孩子对父母的称赞（或奖励）原本就没有要求或期盼。

总而言之，鼓励和称赞是有区别的，使用称赞最有效的做法是不要单独运用，而是伴随着鼓励一起使用，就会有正面的效果。为便于父母清楚地辨识，表6-1分别就鼓励和称赞在基本信念、表达的信息及可能产生的结果这几方面的不同进行比较说明。

表6-1 鼓励与称赞的区别

| 鼓励 | | | 称赞 | | |
|---|---|---|---|---|---|
| 基本信念 | 对孩子所发出的信息 | 可能的结果 | 基本信念 | 对孩子所发出的信息 | 可能的结果 |
| 着重孩子建设性地处理生活的能力 | 我信任你是负责任，且能做到独立自主 | 孩子学到接受不完美的勇气有尝试的意愿，孩子可以获得自信，并对自己的行为负责 | 着重外在控制 | 只有做我要你做的，你才有价值，才叫好。你能力不足，不应该被信任 | 孩子学到以是否顺从父母来衡量价值，或者反抗叛逆 |
| 着重内在评价 | 你对自己的感觉和你的努力才是最重要的 | 孩子学会评估自己的努力过程和自我提升 | 着重外在评价 | 你必须取悦我才是好的 | 孩子学到以如何取悦他人来评价好坏。孩子会担忧他人的不认同 |
| 认可孩子的努力与进步 | 你不必是完美的，努力和进步才是重要的 | 孩子学会接纳自己与他人的努力，孩子发展出对工作的愿望 | 只有做好事情，完成工作时才给他酬赏 | 你必须达到我的标准才是好的 | 孩子形成不实际的评价标准，并学到以完美程度来评价好坏，孩子非常害怕失败 |
| 重视孩子的天资禀赋，对其贡献表示欣赏、感激 | 你的贡献是有价值的，你使大家更方便，我们很欣赏你所做的 | 孩子学会运用其才能与努力，为大家谋福，而不只图个人获利，能与他人分享成功和欣赏自己的成果 | 着重自我与个人的收获 | 你是最好的，你必须保持比他人好才是好的 | 孩子学到要不断竞争，不断付出并领先他人，只有在“高处”才是好的 |

## 四、鼓励的用语

鼓励可以是口头上的表达，但也可以是非言语的表情和动作，如默默地注视着孩子做事、点头、微笑、拍拍孩子的肩膀、握着孩子的手等。为了让父母了解不含价值判断的鼓励，以下提出一些口头上鼓励的例子，以供参考：

**1.表示接纳**

“我很高兴看到你学钢琴时的快乐样子。”

“我觉得你很喜欢做数学题。”

“我欣赏你处理事情的方式。”

“看起来你对我处理你和弟弟吵架的方式不满意，你愿意说说吗？”

“我虽然不赞成你那样做，不过我想你有你的理由，可以让我知道吗？”

**2.帮助孩子评估自己的表现**

“你觉得这学期你的自然课学习得怎么样？”

“你觉得最近学舞蹈有进步吗？”

“你对自己目前的表现满意吗？”

“看样子你不太满意这个作品，你觉得不满意的地方在哪里？满意的地方在哪里？”

“你这幅画的评分相当高，你觉得它的构图（或色彩、线条）如何？你传达的意思是什么？”

“如果让你给自己的这篇作文（日记）打个分数，你会给几分，为什么？”

**3.表示信心和信任**

“这也许很难，但是我相信你解决得了。”

“功课是多了点，我相信你能完成的。”

“我对你的能力有信心！”

“你会想出好方法来的。”

“我相信你已经尽力了。”

“你说得很有道理，把我说服了。”

**4.着重努力和进步**

“我能看到你付出的努力。”

“我看到你的数学比上次进步了。”

“你的表达能力越来越好了。”

“你可能没有达到预定的目标，不过我确实看到你下了不少功夫。”

“这次考试你也许在分数上没有大的进步，但是我看到你真的尽力了。”

**5.强调长处、贡献和感激**

“看得出你在学计算机方面很有潜力。”

“你帮妹妹温习英语，爸妈觉得很高兴。”

“谢谢你的帮忙，没有你我真不知道怎么办。”

“太感激了，你分担了不少的家务。”

“从你帮我做的这件事中，看得出你的创造才华，谢谢你！”

“我很欣赏你的毛笔字。”

“我很欣赏你在作文里所表达的观点。”

以上举出的一些鼓励用语，父母可以举一反三地运用，假以时日必能使孩子的信心日渐增强，让孩子的表现进步。不过，使用鼓励的用语时，要避免一些使鼓励打折扣的话，如：“你看，你只要用心就能做得好！”“努力总是有成果的，过去考不好的原因知道了吧！”或者是在鼓励的结尾又画蛇添足地加上令人气馁的话，如：“我了解你进步了，如果花更多的时间，不是会有更大的进步吗？”“你这个字是写得不错，如果其他字像这样多好！”“画是画得不错，如果读书像这样就好了！”这些打折扣或附加的评语，暗示父母完美的期望，如此反而使原先的鼓励变得毫无意义，犹如给了孩子礼物又收回来，会让孩子更加沮丧。

## 帮助粗心的孩子

根据心理学家多年来的研究发现，孩子之所以粗心大意，不外乎智力不佳、年纪太小，或压力太大等原因，其中又以压力太大最为常见。换言之，父母过高的期望和压力，常是造成孩子粗心大意的主因。根据这点，提供以下三项意见供父母参考：

（1）帮助孩子消除不必要的紧张。孩子如果心里过于紧张的话，便无法发挥平时的思考能力，甚至错误百出，形成标准的“粗心大意儿”。因此，建议父母在家中营造轻松、愉快的气氛，不要给孩子太多的要求和期望，尤其重要的是，多了解孩子的兴趣和个性，让他的能力朝自己喜爱的方向发挥。

（2）耐心地教导。大人也有粗心大意的时候，更何况是孩子。因此，当孩子疏忽时，父母不该劈头就是一句：“你怎么那么笨？”应耐心且反复地教导孩子，才是上策。可能的话，父母不妨和孩子一起找出正确的答案，如查字典、查百科全书等，这是一项很好的亲子游戏，不仅可以让孩子获得知识，还能增进亲子间的感情。

（3）适时的鼓励。只要孩子稍稍有进步，父母就应该及时给他一些赞美，如此，孩子的学习才会越来越好。

如果这些方法仍不能纠正孩子粗心大意的毛病，父母不妨考虑带孩子上医院接受检查。

## 第二节
## 鼓励的原则

不少父母常有这样一个疑问：“总是听到要我们鼓励孩子，我们也试着去做，但是没有用，有时还产生反效果。难道做错了什么吗？还是说鼓励根本没有效？”很多人都会说“鼓励”这两个字，但是到底怎么做，才是关键所在。鼓励不是挂在嘴边的一个含混的抽象名词，鼓励是有其原则和方法的。这一节我们先谈鼓励的原则，下一节再说明鼓励的策略。一般而言，鼓励的原则有以下六项：

### 一、真诚地接纳

戴克斯强调人要有接受不完美的勇气，因为不完美引起的沮丧是人类所有问题的根源。接受不完美，首先从接纳自己和他人的不完美开始。意思并不是说必须接纳自己或者别人所有的行为，因为人的行为本来就是有些可以接纳，有些不能接纳。我们常因一个人的某种行为来批评或论断一个人，这不是一种接纳的态度。同理，父母可以不同意或不赞同孩子的某种行为，但这与是否接纳孩子没有关系。行为者和行为是有区别的，我们接纳行为者这个人（有尊严和价值的个体），但是可以不赞同和接受其行为。

比如，两个孩子在客厅里玩，不一会儿兄弟两个人吵了起来，影响了全家人看电视。父母可以心平气和地对他们说："很抱歉，你们吵闹的声音影响了我们看电视。你们要安静地一起玩，还是要各自分开来玩？你们决定。"父母的这种反应表达了接纳孩子，但不赞同他们不好的行为。这种做法一方面表示父母的尊重，同时还兼顾到家庭规则的维护（有关行为问题的处理，后面的章节会再讨论）。

## 二、强调积极的一面

假如父母想减少和孩子在生活中发生一些不愉快事件，尤其是想帮助表现不好、内心沮丧的孩子，就要开始避免一些消极的言行。一些父母可以说是鸡蛋里挑骨头的专家，对于孩子的表现非常挑剔，甚至会过分苛求。例如，孩子某项考试考了99分，父母会说："你连那一分都不会得到吗？"或者是孩子做完很难的数学作业，结果发现十道题对了八道题，这时父母会说："怎么错了两道题，难的你都会，简单的反而错了！"上述父母的反应都忽略了99分和做对八道题的积极面，而偏偏挑剔少数的错误，进而打击了孩子的信心。

有位母亲对女儿的作业很烦心，因为作业本涂改得没有一页是干净的，不管如何去提醒、纠正，都没有任何改善。当她了解要强调积极（好）的一面的鼓励原则后，她对女儿的教育方法进行了改变，她会指着作业本上的某个字告诉女儿说"这个字写得很漂亮""我很欣赏这个字"，或者翻开作业本中干净的一页（比其他页干净）说"这一页写得很干净""这一页看起来好清爽"。结果，经过母亲持续不断地鼓励，不满三个月，女儿的作业本写得越来越干净，字写得越来越漂亮。

强调积极的一面能够帮助孩子建立信心，当孩子对自己的表现开始满意时，他才会更努力地去改正自己的错误，以求考得更好、答对更多题目、写更漂亮的字等。

别忘了，过分看重错误只会打击孩子信心，让孩子失去尝试的勇气。

## 三、重视努力和进步

父母常以一件事的结果来论成败，这会使孩子很容易沮丧，尤其当他面对着一件很难的事情，尽管他尽力去做了却仍做不好的情况下。过分强调事情的成果，只是告诉孩子说：除非你做得很好，否则毫无价值。这种态度会使孩子以后因害怕不能成功，面对任何事都裹足不前。因此，只要孩子努力了，或者只有一点小进步，父母都应加以鼓励。也只有不断地鼓励，孩子才会有成功的希望。

期望一个原本沮丧的孩子能立即做好一件事，是不切实际的。为了避免他受挫折，制订实际可行的目标是非常重要的。比如，鼓励一个内向害羞的孩子，要他当众表达自己的想法是不切实际的，这对他非但没有帮助，反而会徒增他的窘境和沮丧。较理想的做法是，给他提供一个渐进成功的机会，如私下先问他一两个问题，而且是他能回答的，并且给予鼓励，然后帮助他在人较少的小场合表达，再予以鼓励。这样逐渐把表达的内容增多，难度加深，假以时日，自然可以培养他的信心和勇气。

此外，把困难的工作分段来做，也可以帮助孩子获得成就感，也可使工作的分量看起来不重。在每一段完成后，给予他鼓励，并且着重强调他已完成的，不要去强调未完成的。比如，小平帮助家里打扫房间，他负责擦拭所有的窗户。爸爸建议他每天擦拭一个房间的窗户，并且在他完成一部分之后，总不忘给他鼓励：“我看到你工作很努力！”“嗯！你把这房间的窗子擦得很明亮。”“我非常感谢你做这些工作，这使我们的家变得清爽、干净多了。”在爸爸的鼓励下，小平怀着愉快的心情将家里的窗户都擦拭了一遍，而且擦得很干净。

## 四、肯定个别能力

一个人感到自己有价值，是当他的能力有所发挥，且受到肯定的时候。所谓“天生我材必有用”，每个人都有不同的才华和能力，孩子也有其特有的先天气质和潜能，如果给予机会，他们就会知道自己的优点和长处，进而把这些优点和长处发挥出来。

孩子在成长中需要不断地肯定自己的能力，父母平时观察到家中的每个孩子都有其特殊的气质和才能，可以对其进行鼓励，如“你画的这个图很美”“你玩这个计算机游戏时反应很快”“看样子你在数理空间方面很有能力”等。同样，孩子在学科或功课上也有不同的能力，如有些孩子语文能力比数理能力强，父母可以本着“强调积极的一面”的原则，对其语文能力加以鼓励，但不要挑剔其数理能力。孩子经常从某一点上建立起信心，这信心也会逐渐转移到其他的才能上，最终建立全面的信心。但是，父母若在一点上打击其信心，要使他建立其他能力的信心是很难的。因此，父母若是光强调读书方面的能力，或期望孩子拥有全能或天才的能力绝对不是鼓励之道。

在给予孩子鼓励的同时，父母也别忘了自己的贡献和能力。父母同样可能有才华，也可以帮助孩子学习。比如，小强的爸爸很会做木工，他可以帮忙十五岁的小强去制成一个简易的书架。妈妈也可发挥她讲故事的才华，因为绘声绘色地说故事，可以使孩子期待每一个讲故事的时间，也许有些孩子会因而对阅读产生很高的兴趣。

## 五、避免令人沮丧的言语

语言常反映出一个人的态度，有些话说出口非但不具有鼓励的作用，反而能让人感到沮丧、灰心或失望。比如，我们常说“我不能……”“我无法……”，而实际上是我们有能力去做，但不愿意去做，这里“我不能”的意思是“我不愿意”，虽然有些事确是我们能力所不及的。孩子会说“我做不完数学习题”“我无法跟某某同学和好”，这种“我不能”的背后，常有其目的，可能是需要别人的帮助，他们甚至以无助的姿态出现；也可能是他们缺乏信心，害怕失败，宁可“少做少错，不做不错”，不敢面对挑战。

**1.不接受“我不能”的理由**

假如“我不能”实际上是“我不愿意”的逃遁之辞。父母就不要接受，不管是自己的，还是孩子的。从现在开始，停止和孩子玩这种“我不能”的游戏。想一想，只要我愿意，我就能在当父母察觉到孩子在和自己玩这种游戏时，不理会那种求助的眼光，告诉他：你相信他的能力；告诉他：不要以“我不能”来推卸责任；告诉他：什么是“我不能”，什么是“我不愿意”。

**2.拒绝“我试试看”的退路**

另一句常令人沮丧的话：“我试试看”，通常一个人说这话时，总是为自己找退路。万一失败了，他会说“至少我试过了”“我早知道不会成功的”之类的话。这显示的是没有信心。父母拿这种态度来教育孩子，既无法鼓励自己，也无法鼓励孩子。父母不要再被“我试试看”愚弄。当孩子面临问题说“我试试看”时，父母要建议他不要说试试看，要决定自己愿不愿意去做。

**3.不说逃避责任的话**

还有一些常碰到的话：“他让我……”“他使我……”，这些话也是令人沮丧的。当父母说“他让我如此生气”时，除了把自己情绪的权利交给孩子，也表示出一种不负责的态度。是的，父母对孩子的犯错感到生气，但不是他让父母如何如何，而是父母有权决定自己的态度是生气还是不生气。假如孩子说：“是哥哥让我生气的！”“是姐姐把我弄哭的！”父母可以很尊重地说：“哦！哥哥这么有办法让你生气！”“你是木偶吗？不然姐姐怎么能让你哭就哭呢？”这可能换来孩子的破涕为笑，在这种氛围下，父母再来和他讨论如何处理自己的情绪，如何对自己的态度和言行负责。

## 六、父母从自我鼓励做起

鼓励是人类的一种基本需求，沮丧的父母是无法鼓励沮丧的孩子的。因此，鼓励自己跟鼓励别人同样地重要。如果父母对自己没有信心，又怎么能使孩子有信心呢？道理很简单：你无法给别人自己没有的东西，包括信心和勇气。

假如父母认为目前和孩子之间的关系需要改善，或者父母觉得前面所说的有道理，那么父母在自我鼓励时还得具备两个条件：一是勇气；二是实践。也就是说，父母要有勇气相信自己能改变，能鼓励自己和鼓励孩子，同时还能将这种信心付诸行动。

许多人说“从今以后，我要如何如何”，这是一种不切实际的期望，也易遭到失败。期望太久、太远的事，倒不如为自己设定近期的目标，一步一步来。比如先计划一星期内可以改变的两三项行为（包括自己和孩子的），然后一星期结束时反思一下，再进行下一星期的计划。

要成为称职愉快的父母，不是为了要证明给别人看，也不是非要样样都能做得很好，也许仍然会有失败或不愉快，也许孩子的犯错行为仍会出现，但是，只要真诚地、持之以恒地鼓励自己，增强信心，发挥爱心和耐心，孩子自然能感受到这种支持的信息，拥有责任心和价值感，走向有意义的人生理想。

鼓励没有秘诀，不要说“我不能”，不要说“我试试看”，要说“我愿意”，要说“我开始做了”。

## 第三节
## 鼓励的策略

父母要想让孩子更进步，可以尝试积极的沟通方式，借鼓励帮助孩子肯定自己的能力，让孩子认识到自己的价值，建立信心，让孩子鼓起面对不完美的勇气，并为自己的行为负责。

如果父母对上一节所谈到鼓励的原则有了初步的了解，那么现在是学习更多鼓励方法的时候了，下面提出十种策略及参考范例来帮助父母更有效地鼓励孩子。

### 一、赋予孩子责任

多数父母尝试“教”孩子责任感，所用的方式都是奖励、警告、惩罚、贿赂等，但是太多的经验告诉父母，责任感是无法教的，孩子必须借由父母的协助，自己来学习责任感。

十四岁的小毅想休学，父母并没有生气或责骂，而是和小毅进行沟通，他们决定让孩子自己承担休学的后果，于是告诉小毅说：“如果你执意要休学的话，我们不想多说些什么，但是，休学后你必须找工作赚钱来负担自己生活上的花费，当然包括食宿费用。”小毅赌气地说：“我养得活自己！”父母不再说什么，小毅休学了一年后再回到学校读书，因为他了解到，休学之后的结果并不像自己所预期的那样。表面上，小毅的休学浪费了一年，但是这一年让他之后的路走得更好，也算“物有所值”吧。目前小毅已是某大学的学生了。

上述案例中，小毅的父母让小毅对自己的行为负责，并给予他独立自主的空间，最终让小毅认清了自己的选择。赋予责任是一种对孩子的肯定和信心，它意味着：“我们尊重你、相信你，而且知道你能对自己负责。”

## 二、提供孩子贡献的机会

当孩子愿意洗车、为父母跑腿办事、帮忙做晚饭或分担其他家务时，父母须肯定孩子对家庭的贡献，对孩子积极帮忙表示感激。例如：

十五岁的杰夫骑着自行车到街口的杂货店买回面包后，父亲立刻对他说：“谢谢你，乖孩子，省得我再跑一趟。”

杰夫的父亲也会毫不犹豫地在他自己的朋友或孩子的朋友面前，对杰夫表示感激。然而，在家中其他小孩面前，父亲却不做表示，因为只称赞杰夫将会引发杰夫与手足间的竞争与敌对的心态，而这是父亲所不愿看到的事。

## 三、接纳孩子的建议

孩子可能会了解一些父母所不清楚的事情，比如汽车、目前流行趋势、服装、艺术、计算机、音乐、政治、运动等。父母应该尽量去发现和接受孩子所能提供的资源和信息。例如：

父亲想在地下室安装一个插座，却不知如何操作，突然他想到读高中的女儿小玲，她曾经在课堂中学过电学方面的课程。于是他请求女儿的协助，结果很快就完成了工作。因为小玲知道窍门所在，给他提供了有用的建议。

在这个案例中，父亲并非是唯一从这个经验中获利的人，女儿小玲也从中获益，因为她了解父亲能敞开心胸接纳自己的建议，从而感觉到来自父亲的尊重，并体会到自我价值。

## 四、鼓励孩子做决定

尊重孩子的意见，让孩子拥有决定高中毕业后的计划、主修的科目、职业的选择、度假与旅游的地点、家务的分配与零用钱的使用方式等权利。例如：

母亲告诉儿子佳华，他将会得到一笔钱，她对儿子解释这笔钱必须花在添购服装上，不能移作他用，而且今后由他自己买衣物。母亲的态度告诉儿子，她相信他能够自我负责。起先，佳华确实花了一些冤枉钱，购买了一些他不是非常满意的物品。但随后，他渐渐地学会如何在购物之前小心地做决定了。

## 五、容忍孩子的疏忽

所谓“不经一事，不长一智”，如果孩子没有犯过错，将无法学会新的事物。在家里、学校里、朋友间等任何地方，孩子都可能会犯错，但是千万不要将自己或孩子所犯的错误视为不可补救的大灾难。父母可将自己的错误当作向孩子显示自己的机会。父母也应努力创造一个能容忍孩子犯错，且能开诚布公讨论的和谐气氛，使孩子能从错误中成长。例如：

在女儿惠慈获知自己英文考试的成绩不及格时，不禁投入父母怀抱中伤心痛哭，并告诉父母她极不愿意让父母知道这件事。惠慈的父母不但未责怪女儿，反而一再跟女儿保证他们不会生气，并告诉女儿他们能了解她内心的痛苦，毕竟谁都不想得到如此差的成绩，同时他们还提醒女儿如何避免下次得到相同的结果。很快地，惠慈便停止哭泣，不再认为自己成绩不及格，是无法补救的大灾难，而是积极地开始思考失败的原因，并研究如何在下次考试中改进。

惠慈的双亲不因女儿的失误而加以责罚，也不强迫她立刻改进，而是一再对惠慈保证，他们对她的爱不会因为考试成绩不好而消失，并协助女儿面对问题，支持女儿找出自己解决问题的方法，从而鼓励女儿重新站起来。

### 六、重视孩子努力的过程

鼓励者的任务是强调过程（即对工作或事情所投注的努力、进步情形或是工作的状况），而非仅仅注重其结果（目标的达成与否、成绩或成就的高低）。父母应牢记：孩子获得任何行为改变或达成任何目标并非一蹴而就的事，而是需要花费时间才能达成的。因此，父母肯定孩子所投注的努力与进步的价值，将能帮助他们增加自信。例如：

李女士下班返家，发现她的两个宝贝儿子正在拼装他们不久前才买的旧组合音响，她便停下脚步，以欣赏的眼光注视着儿子们对工作的热诚与投入，并赞赏："今天的声音似乎比昨天听起来好多了，我发现你们对音响的组合工作似乎很有兴趣。"

李女士肯定儿子对目前工作所投注的努力，而不是注重工作将可能产生的结果。她所肯定的是儿子们努力的过程，而非努力后的结果。她不会选择下面的表达方式："听起来不错，不过我希望完工时声音会更好。"因为她所选择的不是吹毛求疵"检视"孩子的工作成果，而是重视他们的努力过程。

## 七、将孩子的缺点转为优点

如果父母凡事强调积极的一面，而不是专门挑剔缺失，那么父母将成为一位善于发掘和创造孩子潜能的专家。例如：

廖爸爸发觉女儿小莉的情绪容易激动。她极容易受到伤害，如经常为一些芝麻小事与他人发生摩擦，而且跑回家哭诉。廖爸爸决定设法协助女儿将其“敏感”的特质转变为增加女儿与朋友感情的本钱。果然不久之后，小莉便学会运用同理心，站在他人立场替人着想。最终这种特质也帮助小莉建立了亲密、信任的人际关系。

虽然廖爸爸了解小莉的“极易敏感”的特质是个缺点，但他不以为意，反而协助小莉将此种特质转变成她的优点。因为廖爸爸秉持着积极正面的观点，所以能够与女儿开放地沟通，并协助女儿做建设性的行为改变。

## 八、对孩子的判断表示信心

父母对孩子的能力要有信心，否则如何能期望孩子有良好的判断能力呢？父母可以通过尊重并接纳孩子在服装穿着打扮、朋友的选择、未来计划、休闲时间的安排等方面的决定，来表示对孩子的信心。父母也可以与孩子商量重要的家庭计划或欲购买的物品，以表示对孩子的尊重。例如：

沈家夫妇决定添购一台微波炉，因为他们的两个孩子——安德与利德对购物很感兴趣，所以沈家夫妇便赋予两个孩子任务，由他们担负选择合适微波炉机型的责任。他们兴致勃勃地研究各种不同品牌的产品后，向父母提出了建议，最后沈家夫妇便利用这些信息购买了一款最适合自家使用的微波炉。

通过对孩子的判断表示信心，沈家夫妇不仅帮助孩子增强他们的自信，同时也买到了最合适的商品。

## 九、对孩子抱有积极的期望

如果父母对孩子表现总是抱着最坏的期望，那么将会得到不好的结果。然而，期望最坏的结果的反面，并非就是期望最佳的结果。期望越大，失望也就越大。同样的，凡事要求完美的父母肯定会失望，而孩子也肯定会怀疑、不信任自己的能力。所以，父母应该对孩子抱着正面、积极的期望。例如：

丽珍告诉母亲，她非常害怕在全班同学面前当众演讲，母亲便坐下来倾听女儿的心声，接纳女儿的紧张不安，并鼓励丽珍说："我知道你对演讲这件事情相当紧张，但是我对你有信心。"

母亲不去安慰女儿不要紧张，也不过分夸赞女儿的能力，如告诉她："放心啦！你一定会做得很好的。"她只是花时间让孩子明白：自己了解她的情况，并且信任她的能力。

## 十、教导孩子从经验中学习

父母要运用个人的创造力，即使在相同的情境之下，也尽量寻求不同的鼓励方法。当孩子带着沮丧、气馁的情绪来找父母帮忙时，父母要想一想，并问自己用什么方法才能对孩子产生鼓励作用。例如：

可佳应征一份暑假兼职却未被录取，因为他极渴望获得那份工作，所以觉得十分生气，并感到受了伤害。他对母亲抱怨："这是不公平的，他们没有权利拒绝录用我。"

可佳的母亲先接纳儿子不好的感受，然后提醒他去总结这次求职失败的经验，如求职信的撰写、面试技巧等。母亲肯定孩子的价值不在于他是否录取，而在于他能否从不同的角度来看整个事件。

## 孩子喜欢乱涂鸦怎么办

许多孩子喜欢在不当的地方涂鸦，如墙上、桌上等，这不是由于好动或存心捣蛋，而是他们内在的好奇心使然，更可能是创造力的驱使。孩子三到六岁时，正是最好奇的阶段。任何东西对他们而言，都具有很大的吸引力，他们总是要想法子去尝试。因此，涂鸦是一种正常且自然的现象。如果父母用禁止的方式去压制，只会收到反效果。正确的做法是，利用这种机会培养孩子的创造力，不但有助于培养孩子的绘画兴趣，还能启发孩子其他方面的能力。给父母的建议是：

（1）给孩子一个创作的空间。可以在房间墙上装上大幅的三夹板，贴上白纸，也可以在阳台或后院挪出空间辟出水泥墙或挂上一块彩色板，让孩子自由地利用这些空间涂鸦。

（2）与孩子一起涂鸦。让孩子独自画画，他可能兴趣不大，如果抽空和他一同描绘世界，涂鸦就变成趣味盎然的事。

（3）与孩子讨论他的作品。切勿批评或担心孩子画得不好，因为一笔一触都是孩子的心灵表达。引导孩子说出自己作品的含义，并且具体地指出构思或运笔很好的地方来鼓励他。

（4）不时地选几张在纸上画的作品裱框起来，挂在书房或客厅显眼的地方，让孩子的成就感得到满足。

（5）找机会带孩子一起外出写生，让大自然的景物丰富孩子的心灵。

这些建议也许不会让孩子成为毕加索，但它绝对能让孩子从涂鸦中获得亲情和智慧。

爱 就 是

读 懂 孩 子

爱就是读懂孩子

许多父母在传统教养观念的影响下，认为改变孩子不良行为的不二法门是奖励和惩罚。而在这样“赏善罚恶”的原则下，父母常常借着利诱、威胁和责罚的方式来处理孩子的问题，企图达到改变孩子不良行为的目的。于是，经常听到父母对孩子大声吼叫：“你给我听好！下次不可以……”“你如果再犯错，我就……”。不幸的是，孩子依然我行我素，父母仍然警告不断。类似这种交易式的行为，不知不觉一直在亲子关系中进行，其结果是惩罚如同前面所说的奖励，已逐渐失去了管教的功效。

Chapter 7

# 惩罚还有效吗?

## 第一节
## 代替惩罚的方法

小倩今年才五岁多，每当有客人去她家时，最兴奋的是她，又蹦又跳，话说个不停，有所谓的“人来疯”现象，于是父母经常罚她面壁思过。久而久之，父母发现她学会了察言观色，只要父亲一瞪眼，她立刻安静一会儿，但她的不良行为却不曾有改善。这样的惩罚有效吗？如果孩子不良的行为重复出现，就表示惩罚没有效果。

### 一、自然与合理的行为结果

自然与合理的行为结果是培养孩子责任感和改变孩子行为的一种管教方法，父母要基于平等与互相尊重的民主态度，来激发孩子的合作行为及鼓励孩子改变。有些父母一直为孩子做太多不必要的服务，不断地提醒、叮咛、唠叨，对孩子而言，还可能养成他们不在乎的习惯，他们对父母的话似乎像听录音带一样，感觉不痛不痒，再加上孩子预期父母终究会让步，因此，他们总会故态复萌。父母一直扮演“为孩子负责”的角色，孩子便永远学不会对自己的行为负责任，更别提责任感的培养了。父母不妨提供机会让孩子去体会自己的行为结果，如“房间乱，找不到东西是自然的结果”“爱赖床，上课迟到是自然的结果”，让孩子自己去面对与处理自己行为所造成的后果。

父母运用自然与合理的行为结果时，有三点值得注意：

**1.将心比心**

基于民主管教态度平等与互相尊重的精神下，父母要先自我改变。希望孩子合作，父母要先采取合作的态度；希望孩子尊重父母，父母要先尊重孩子；对待孩子的朋友就像对待自己的朋友一样。让孩子了解父母将他视为一个有价值、有尊严的个体，并不是父母控制的傀儡。

**2.尊重孩子的权利**

父母得尊重孩子选择与决定的权利。运用自然合理的行为结果，并不是要父母放弃任何对孩子的照顾，而是提供孩子合理照顾的前提下，尊重孩子的权利，让孩子去体验自然的行为结果。譬如，到了吃饭的时间，父母告诉孩子该吃饭了，孩子不来，父母可以尊重孩子不想吃饭的决定。过了一阵子孩子肚子饿，告诉父母要吃饭时，父母可以用平和且尊重的语气回应："我知道你肚子饿了，可是饭菜已经收了，只有下顿饭才有东西吃，不然你自己去找东西吃，不过要把厨房收拾干净。"如果孩子把厨房弄得一团糟而不收拾，父母可以再次提醒孩子，如果孩子仍不收拾，那么父母可以"罢工"，当孩子问你饭做好没有的时候，父母可以恳切地告诉孩子："你将厨房弄得乱七八糟却没有收拾，我没法儿做饭，很抱歉。"

**3.避免危险或伤害的合理行为结果**

有时候，孩子某些行为或疏忽可能造成生命危险或身体伤害，父母就不能运用自然的行为结果。比如说，孩子不听话在马路上玩耍，万一出事，会造成孩子身体受伤或有生命危险的后果，这对父母和孩子而言代价未免太大了。因此父母要避免用可能造成孩子生命危险的自然结果，而改为采取与孩子心平气和地沟通，提供孩子选择权利的方式："你是要在院子玩呢？还是进屋内玩？"如果孩子阳奉阴违，父母并不需要大发脾气，而要冷静且温和地将孩子带进屋内，并不发一言，这样反而会更有效，因为孩子知道自己没有遵守在院子里玩的承诺，只有服从回到屋内的选择。除了尊重孩子选择决定权利外，父母仍要关心孩子行为及安全，以自己的合理假设来取代可能产生威胁孩子生命安全的自然行为结果。当然父母可以在孩子不守诺言之后，彼此再一次沟通协调，然后再一次给予机会，若孩子仍不遵守承诺，父母仍要再次要求孩子回到屋内。而这样的过程中，除了可以避免孩子发生生命危险之外，孩子会逐渐学习建立与遵守生活规范，培养个人的责任感。

## 民主教育的原则

有一些父母误以为民主的教育是纵容、溺爱，反而会产生没有原则的教育方式。其实，民主的教育是有原则可循的。

（1）建立家庭的规范：愈小的孩子，规范愈少；规范是与孩子一起商量出来的，而且大人和小孩都要共同遵守。

（2）提供孩子有限度的选择：当孩子有不当行为时，给孩子两个（至多不超过三个）选择，如“你是要乖乖在桌上吃饭？还是肚子不饿，到客厅去玩？”“你们俩是要好好一起玩？还是各自分开到别的地方去玩？”

（3）注意说话的声调和语气：父母用尖锐、高昂的声音对孩子说话，常会有指责的意味。多用心平气和的态度和语气，会使孩子有受尊重和被接纳的感觉。

（4）采取行动：父母应少说多做，因为提醒、唠叨等，只会造成孩子的反感，而且让孩子误用一些不当行为，作为获得注意的手段。所以，坚定地执行规范！

（5）让孩子有再学习的机会：以“共情”去看孩子的世界，容许孩子有犯错的机会，让孩子有机会再试一次：“如果你答应妈妈要好好吃饭，你就上桌来。”“如果你们想好好在一起玩，妈妈给你们机会。”

## 二、惩罚与行为结果的不同

在许多亲子案例中，常常发现父母误用行为结果，让孩子体验自己行为所产生自然或合理的结果，以此作为一种惩罚。这样的观念并不正确，因为在行为结果与惩罚的教养方式之间，我们可以发现一些主要的差异，值得父母加以深思：

（1）惩罚强调个人的权威力量及对他人的要求，常表现出一种命令语气的陈述。如母亲说：“小明，关掉音响，我要睡觉。”

而行为结果是传递社会规范的事实，重视彼此的尊重与彼此的权利。例如母亲说：“小明，我知道你很喜欢听音乐，但是我要睡觉了，你自己决定看是否要降低音量，还是关掉它。”

（2）惩罚是专制的，很少考虑情境因素。例如，孩子外出并未能准时回家，母亲对孩子说：“小琪，因为你不准时回家，所以你必须禁足两个月，假日不准出门。”

而行为结果则是直接面对不良行为的处理。同样的孩子外出问题，父母与孩子事先有所约定，如：何时回家，如果晚归就……，因此相同的情况，父母会说：“小琪，很遗憾因为你没有遵守我们的约定，不过下星期你还有机会改进。”

（3）惩罚是一种个人的道德判断，常将不良行为与行为表现者混为一体。例如小明未经父亲许可，拿了父亲的工具，结果父亲的反应是：“小明，你没经我许可拿了我的工具，而且不还，这种行为就像是一个小偷。把工具拿来，以后再也不准你用。”

而行为结果则不是如此反应，它并不是一种道德判断，亦不会给行为者加上标签。父亲的反应会是："小明你没经我允许拿了我的工具，我想你并没有遵守我们的约定，所以这一星期你不能再用。不过以后还有机会，如果你能遵守我们的约定。"

（4）惩罚常是追究既成事实的行为。例如，小莉想邀同学到家里玩，惩罚式的父母通常会对孩子说："不行，上次你同学来，搞得家里天翻地覆，厨房乱七八糟，你那群朋友还偷喝啤酒，太不像样了，这一次门都没有。"

至于行为结果则是采取现在与未来取向，父母可以对孩子说："小莉，只要你愿意事后把家里收拾干净，同时保证绝不喝酒，遵守约定，我们欢迎你朋友来。"

（5）惩罚是一种不尊重的威胁。例如，父母朋友来访后，父母对孩子说："阿川！今天你明知客厅有客人，还故意令我难堪，你一点都不懂体贴一下父母吗？没关系，改天你同学来家里时，等着瞧！"

而行为结果则重视冲突后，心平气和地友善沟通。同样的情况，父母会等情绪平稳之后，对孩子说："阿川，你今天有不懂得尊重客人的表现，我们希望你以后要了解一些待客之道。如果你没法做到的话，那么以后有客人来时，请你留在房内或者外出，以免做出不礼貌的行为。"

（6）惩罚强调服从，容不下相反意见，通常是命令与指挥的表现。例如，父母对孩子说："院子里的杂草很长了，你立刻到院子去除草。"

而行为结果是允许孩子有选择决定的权利。例如，父母对孩子说："院子里的草该整理了，你可以帮忙整理一下吗？具体时间你自己定吧！"

很明显，从以上的说明可知：惩罚与行为结果有很大的差异，这些差异却常常是父母较难理解的，所以造成教育孩子时截然不同的效果，表7-1进行了对照式的比较，以供参考。

**表7-1 惩罚与行为结果的区别**

| 惩罚 | | | 行为结果 | | |
|---|---|---|---|---|---|
| 特性 | 孩子得到的信息 | 可能的结果 | 特性 | 孩子得到的信息 | 可能的结果 |
| 强调个人权威 | 照我所说的去做 | 反叛、仇视、不负责任、缺乏自制力、唯唯诺诺 | 重视社会规范 | 我相信你会尊重别人 | 合作、自重且尊重别人，有自制力 |
| 专制，不合理 | 我教训你是你罪有应得 | 怨恨、报复、害怕、困惑、叛逆 | 民主，有原则 | 我信任你会做出负责任的选择 | 由经验中学习责任感 |
| 道德判断行为标签 | 你不好，你不被人爱 | 受伤害、罪恶感、想报复、怨恨 | 尊重，将行为者与行为分开 | 你是个有价值的人 | 被接纳、愿意学习 |
| 强调过去行为 | 你永远学不好，我再也不指望你 | 挫折、失败感、被拒绝感 | 重视未来发展 | 你能照顾自己，你会愈来愈进步 | 自我学习、自我评估 |
| 威胁、恐吓 | 你最好闭嘴，我没你这样的孩子 | 罪恶感、害怕、叛逆、企图报复 | 尊重、友善 | 我虽不赞同你的行为，但我仍然爱你 | 安全感、支持、受尊重、被爱 |
| 要求服从 | 你无能，你根本无法做出明智选择 | 假意屈从、表里不一、过度依赖、没有自信 | 给予选择机会 | 你有能力做决定 | 自信、负责任的行为 |

## 第二节
## 行为结果的误用

当了解惩罚与行为结果的差异后，父母不难发现惩罚与行为结果的运用有时是一线之隔，这与父母运用这种方法时的态度、情绪、行为有密切的关联。如果父母运用上有些偏差或误解，往往会将原先的善意变成歹意，反而造成许多孩子行为上的偏差。而这些破坏性的结果，常常是父母在运用时的态度、情绪上的一些“隐形杀手”导致的，因此，父母也应对这些造成破坏性结果的“杀手”有所了解，并深以为鉴，避免行为结果的错误运用。

通常，造成行为结果运用的反效果最常见的“隐形杀手”包括以下几种：

**1.行为的不一致**

人的一生中，的确很难有永远保持一致的行为表现，然而父母对孩子的教育应该尽量要求自己的行为一致，千万不可以有时独裁专制，有时则纵容放任，如此不一致的教育态度和行为，常常让孩子感到无所适从。试想马戏团中的小丑在表演时，当小丑发现某一套把戏不能博得观众一笑时，就会舍弃不用，而如果另一套把戏能引发观众的笑声，那么就会加以保存并精致化。这样的道理（游戏规则）对孩子来说也是相同的，在不一致的教养态度或行为情况下，孩子会学会见风使舵，选择时机提出相反意见（争执）或者表现不良的行为，引发亲子间的冲突。

**2.同情的滥用**

过度保护型的父母很难能真正使用合理和自然行为结果的教育方法，因为父母常常会不忍心看见行为结果为孩子所带来的苦楚，为此而深感对不起孩子，内心有愧疚，甚而产生同情或怜悯之心。这在孩子的教育上会产生很大的杀伤力，因为父母的这种反应意味着孩子没有能力掌管自己的生活，必须靠他人的同情或施舍。而这种同情或施舍并不是父母能掩饰的，有时候孩子会从父母的表现上观察到，从而表现出自怨自艾的行为，进而引发孩子的自暴自弃。

**3.太在意别人的看法**

父母如果太在意他人（如朋友、邻居、亲戚等）对自己教育孩子的反应与评语，也常常会造成合理和自然行为结果运用上的偏差。的确，父母要做如此的决定需要极大的勇气，兼顾对孩子的爱与行为结果的承担。毕竟，与其在乎他人的看法，倒不如仔细衡量、选择对孩子最有益的教育方法。取悦他人与培养孩子责任感哪一项重要呢？相信父母一定有正确的抉择。

**4.过度的唠叨**

当孩子做出不良行为时，父母的直觉反应是什么呢？一般父母喜欢说教，而这样的说教常是孩子预期中的反应。如此，不但没有改变孩子行为的效果，反而增强了孩子不良行为的表现。父母过度的唠叨，实际上会令孩子产生无能的感觉。而这样的教育方式反而形成“唠叨父母，耳边风孩子”的现象，孩子常会产生“视而不见，听而不闻”的反应，而父母的说教也因孩子的这种反应，不能产生任何意义与效用。

面对孩子的不良行为表现，有时“沉默是金”的道理是正确的。除非孩子的不良行为可能立即使孩子有生命危险或受伤害，不然父母通常可以保持沉默。如果必须立即有所反应，父母也应用友善、温和的方式来进行彼此的沟通，而不是过分的唠叨，因为过分的说教并不能达到改变孩子行为的目的。在日常生活中，可以发现不负责任、上学迟到、健忘孩子的背后，通常有一位很唠叨的父亲或母亲。由于父母过分的关心，反而令孩子很难在自然的行为结果中获得学习的机会，更不能做到改变行为与培养责任感。因此，除非孩子的行为立即有危险，不然父母要尽可能采用顺其自然的原则，避免使用说教或唠叨的方式来剥夺孩子学习并体验行为结果的机会。

**5.使用的时间不当**

父母与孩子的沟通或意见交换是必须的，而沟通时机的选择对教育效果有很大的影响。人们常会因为面对许多情境而造成情绪激动，在冲动的情况下，可能发生错误的判断，进而采取不适当的处理措施。相同的道理，父母面对孩子不良行为时免不了会有情绪上的起伏，进而冲动地给予处罚，而在处罚的行为中，父母常会不知不觉地将个人的情绪发泄加之在孩子的身上。错误的判断与不适当的处理，这也会导致孩子内心抗拒、叛逆或报复的心理。因此，父母在采取行动时要考虑时机适当与否。

在日常生活中，我们也可以发现夫妻间的争执有很多是因为彼此沟通时机的选择不当而造成的。如果夫妻能暂时彼此退让一步，等待彼此情绪反应平息之后，找个气氛良好的地方，彼此心平气和地进行沟通，那么夫妻间的争执是可以避免的。亲子之间相处的道理是一样的，面对孩子不良行为的挑战，父母应该忍一时之气，延缓对孩子不良行为的反应，等待彼此心平气和之后，再来与孩子沟通或处理问题。这样的管教方式，不但可以减少对孩子情感上的伤害，避免孩子抗拒、仇视的心态，而且能促使父母较正确、适当地判断，并能鼓励孩子对父母产生认同与合作态度。

**6.不友善的态度**

对于孩子不良行为的处理方式，除了上述要考虑时间适当性之外，父母还要注意沟通时的语气和态度。合理和自然行为结果是一种肯定且友善的教育方式，如果父母表现出一副不耐烦、生气、厌烦、敌视的态度，那么孩子会将合理和自然行为结果视为一种来自父母的惩罚，从而不能达到其真正的效果。

小丽有一天晚归，她的父母瞪着眼、生气地大声斥责：“一个女孩子这么晚回来太不像话了，星期六不准出门。”这样的做法有效吗？又如，小慧相当活泼、好动，但常常惹祸。每当女儿惹祸时，父母虽然让她承担行为的结果，但仍是瞪大双眼、站得高高地与女儿大声说话。经过一段时日，他们发现女儿的毛病依旧并没有太大的改变。

从上面的例子中，我们可以发现欠缺友善、尊重的态度，合理和自然行为结果的运用并不能产生改变孩子行为与帮助孩子成长的效果，反而被孩子视为一种惩罚。所以，父母在应用合理和自然行为结果时，不仅要态度坚定，更需要保持友善与尊重的态度，注意到谈话时的用词、语气（声调、音量）及肢体语言（手势、表情）等。

**7.有企图的控制**

有些父母第一次应用合理和自然结果时，常将它视为要求孩子改变的利器，将它当成塑造“心目中孩子”的工具。虽然父母遵照自然行为结果的原则进行教育，但是孩子很清楚地知道父母这种行为的背后隐藏着企图控制他们的心态。除了企图控制之外，合理和自然行为结果有时候可能被父母当作报复孩子的手段。

控制与报复心态常在父母运用过程中作祟，造成亲子之间的伤害与冲突。所以，父母在运用合理和自然结果之前，必须具有健康的心态，以免造成反作用。

**8.玩侦探游戏**

所谓侦探的游戏，简单地说就是父母与孩子间一种“警察抓小偷”的情况。有时候，父母并不知孩子中谁是不良行为的罪魁祸首，父母为了找出犯错者，于是扮演类似福尔摩斯的侦探角色，与孩子进行捉迷藏的心理游戏。这种游戏表面上似乎很正常且公正，然而却是一种无效的教育方式，是一种自然行为结果的误用。因为这种游戏往往造成兄弟姐妹之间的竞争与敌对，并不能引发孩子合作的态度，被认为乖巧的好孩子会借着各种机会，让别的兄弟姐妹看起来像坏孩子以保持自己好孩子的地位，而坏孩子也会把握各种可能报复父母眼中乖孩子的机会，来发泄心中的不满。

亲子间最常见的侦探游戏有投诉、抱怨、打小报告等几种形态，这些行为都可能造成行为结果的失效，所以父母应避免接受孩子投诉、抱怨与打小报告的行为，并且要让孩子了解一家人要同舟共济的道理。

**9.人和事不分的错误**

日常生活中，人难免会做错事，孩子也一样，难免有不良行为的表现。然而，行为的对错与人的好坏并不是对等的。例如，孩子未经父母允许就骑车出门，父母将孩子视为偷车贼，这样的做法十分不当。也许站在法制的观点上，将表现不良行为的人视为坏人，而对坏人要加以惩罚，导致持这样观点的父母，一旦发现孩子有不良行为，就将孩子视为坏蛋并加以惩罚。这样人和事不分的做法是绝对错误的，因为惩罚并不能教导孩子改变不良行为和塑造正当的行为。

## 帮助孩子爱清洁

许多父母对于孩子不爱清洁的习惯，常不断地给予提醒或警告，希望孩子能因此养成讲卫生的习惯，然而结果证明这些方法一点效果也没有，“我已经告诉你多少次，吃饭前要洗手，饭后要刷牙漱口……”这是父母最常用的话语。他们说得连自己都感觉到累，可是为什么孩子都没听进去？其实，“我已经告诉你多少次……”这句话只反映了一个事实：一个被激怒的大人与一个得逞的小孩在玩“我需要你注意我”的游戏。孩子心中的错误想法是：只有像我现在脏兮兮的样子，才能获得你的注意。他是真的没听进你的话吗？其实，孩子的学习能力很快，告诉一次已经使他明白不爱清洁这类的行为是不对的。

有些父母努力了一阵子，放弃地说：“算了！管也管不了。”但有些父母仍不死心地继续唠叨着：“牙刷了没？脸洗了没？”甚至等孩子离开盥洗间后，偷偷地检查孩子的牙刷、毛巾是否是湿的。这些父母认为不盯紧孩子的一切事情，就放不下心来。然而孩子总有办法来对付父母的检查。举个实例，一位小男孩知道他妈妈常偷偷检查他的牙刷，所以他每次把牙刷沾了水，再放回去，这就代表刷了牙。后来他牙坏了，医生检查时才被发现，这都是他不刷牙造成的，他妈妈这才发现上当了很久。

如果想改变孩子的行为，父母就必须采取行动，而不是一再唠叨。那么，父母应该采取什么样的行动来帮助孩子养成讲卫生的习惯呢？以下提供六点建议：

（1）父母得先做表率，自己应有良好的卫生习惯。

（2）偶尔察看一下孩子做到了该做的事没有，不要像间谍似的调查孩子的行为。

（3）订立一些规范，如不洗手不要上桌吃饭，不洗澡不要上床睡觉等，但要注意声调语气不要有责罚的意思。另外，这些规范说一遍就可以了，之后就用行动来表示。

（4）孩子刷不刷牙是他和医生之间的事。牙齿出现了问题自然就得上医院治疗，由医生来处理此事。医生会告诉他如何保养牙齿，而孩子也从拔牙、补牙、洗牙或吃药打针上得到教训。

（5）洗澡也是孩子自己的事，父母干脆撒手不管。不洗澡的自然结果是气味难闻，别人必会远离他，尤其是当他的朋友、同学告诉他气味不好时，更有效。父母也可以表示，自己无法忍受这种气味，拒绝与他同桌吃饭或坐在一起。此外，不洗澡会使皮肤发痒，尤其是夏天到了，天热流汗多，不常清洗容易使皮肤生疹块，这些自然的结果可让孩子学习到自己行为的结果。这不是要父母狠心不管，而是要父母衡量一下这些自然行为结果与孩子良好的习惯养成和未来的健全发展，哪个更为重要。

（6）假如孩子抗拒心强，硬不洗手便上桌吃饭，父母一则可以请他到别处吃饭，因为他身上气味不好；一则，父母可以离开饭桌，带着饭菜到别处吃，并且告诉他：“我们闻到不好的气味会感到不舒服，所以我们只好离开。”（这也是自然结果之一）

以上所提的建议，尤其是自然行为结果的方法，如能坚定地实施一星期以上，父母将会看到一个焕然一新的干净孩子。

## 第三节
## 有效运用行为结果

面临孩子的一些问题和挑战时，运用自然和合理行为结果的原则和方法常是很有效的。下面提出三个处理的例子，它们不是标准答案，父母不妨运用想象力去思考这些行为的结果，也许可以发现更多或更合适的处理方式。

### 一、健忘的孩子

"孩子健忘"是令很多父母感到困扰的问题，他们不懂为什么孩子老是记不住任何事情。然而，从孩子的行为表现，很容易就可以了解孩子的行为目的。

昭君是妈妈眼中的"小迷糊"，老是忘东丢西的，每天早上都必须让妈妈提醒她，上课该带的课本和学校用品，然后才匆匆地冲出家门去坐车。可以明显地看出昭君的行为目的，她根本不需要记住任何事情，因为妈妈自然会帮她准备好一切。

倘若妈妈想改善昭君健忘的习惯，最好的方式就是告诉昭君，她已经长大了，可以自己准备每天上学该带的东西。如果忘了带东西，这是自己的疏忽，必须自己负责。即使可能受到老师的责罚，这也是自然的行为结果。

志强答应每周二、四帮忙倒垃圾，但他总是会忘记。母亲只好再次提醒他，但是之后，他又忘得一干二净。从志强的行为，可以看出他并不打算遵守承诺。母亲若想让孩子学习负责，首先必须放弃不断的“提醒”，并和孩子一起讨论，听听他的真实感受，也传达自己的感觉，并且重新拟订一个彼此都能接受的协议。

母亲：志强，你好像不太喜欢我们对倒垃圾的安排。

志强：是啊，我不喜欢这件工作。

母亲：我了解你的感受，那的确是一件令人讨厌的工作。（表达共情）

志强：那些垃圾又重又脏，实在令人讨厌。

母亲：真的让你那么讨厌、生气吗？（反映式倾听）

志强：对啊！

母亲：我可以了解你的感受，但是我觉得家里每件事情都由我一个人来做是不公平的。我们一起来想想看有什么方法可以让我们都感到满意。（寻求解决方法）

志强：如果有时候你倒垃圾，有时候我倒，这样也许会好一点。

母亲：这方法不错，但是我觉得我要做的家务事很多，我也很累啊！（表达“我的信息”）

志强：有时候，我也可以帮忙洗碗。

母亲：嗯！这倒是不错。我很高兴我们能顺利地解决这个问题。（表达“我的信息”）

母亲以建设性的方法来解决问题，而且态度是温和友善的，并且给孩子机会表达自己的感受，母亲运用了反映式倾听来表示自己了解孩子的感受，另一方面也借由“我的信息”来表达自己的感受。通过这样的方式，讨论出彼此都满意的解决方法。如果，事后志强还是不遵守协议，母亲可以运用自然合理的行为结果来解决问题。

当孩子容易健忘时，父母应该先了解孩子的行为目的，然后再选择一个适当的反应。假使这样的行为，并不直接影响到父母，可以让行为的自然结果来取代以前的老方法。若是影响到父母，那么就应该先听听孩子的感受，让孩子有机会表达说明，然后一起讨论并达成协议。

## 二、饲养宠物

有些家庭常会面临照顾和喂养宠物的问题，父母必须跟在孩子后面，看看小动物是否被照顾妥当。然而，小动物不应该被疏忽而受苦，所以可以运用合理的行为结果来培养孩子的责任感。

九岁的亮刚，很喜欢和小狗玩，但总是会忘记喂小狗食物。

有天，妈妈不再提醒亮刚，自己先去喂小狗。隔天，孩子从学校回来，到处找不到小狗。

“妈咪，皮皮跑到哪里去了？到处都找不到！”

“很抱歉，妈咪把皮皮放在地下室了。以后，你如果不想照顾皮皮，就不能和皮皮玩。如果你答应照顾，就可以和皮皮玩。”

“好啦！我以后每天都喂皮皮食物。”

晚餐之后，不需要提醒，亮刚就自动去喂小狗。

第三天晚上，亮刚又忘了喂食，母亲就像上一次一样，喂完小狗后，直接把它放在地下室，不再和孩子讨论。第四天孩子从学校回来，发现小狗又被放在地下室，他想起昨晚忘了喂小狗。

“妈咪，我可不可以和皮皮玩？”

“你明天才可以和皮皮玩。”

母亲以就事论事的态度来解决问题，同时也运用孩子喜欢和小狗玩的心理，来培养孩子关心照顾小狗的责任，以培养他的责任感。

## 三、帮忙做家事

田家有两个孩子，十岁的静芝和七岁的静茹。在父母和孩子讨论后，两个孩子同意在晚餐后负责洗碗筷，同时也答应每次用完厨房后，一定负责收拾干净。

某天，用过晚餐后，两个孩子跑出去玩了，忘记自己答应做的事。第二天早上，母亲没做早餐，孩子自己拿了牛奶和面包当早餐，仍然没整理厨房。当到晚餐时间，孩子问妈妈：“什么时候才吃晚餐啊？”妈妈回答说：“很遗憾，我没做饭，因为没有办法在又脏又乱的厨房里工作。”孩子听完后，开始争论该谁整理厨房，但是仍没有一个人愿意去做。

当爸爸下班回来，看到厨房里还是乱七八糟后，就对妈妈说：“我们到外头去吃。”

孩子们听了高兴地说：“哇！太棒了！我们要去哪里吃？”

爸爸：“我并没有说要带你们一起去，只有妈妈和我。”

孩子：“我们也还没吃饭啊！”

爸爸：“那么，你们得自己想办法。”

当父母回家后，两个孩子都已经吃过了，而且也把厨房整理干净了。

从上面的例子中，可以看到父母如何有效地处理这个问题。这个方法也可以运用在其他家务事上，例如，当垃圾没有清理时，母亲可以说：“我实在不喜欢在堆着垃圾的厨房里做饭。”如果孩子依然故我，那么就可以采用上述一样的方法。

在此要提醒父母的是，在说明之后一定要有实际的行动配合才会有效。父母应该牢记，凡事只要说一次就行，重复地说反而无效，因为行动远比说教有效。

## 带孩子愉快出门

我们经常会在一些公众场合中听到父母的吼声：“不要乱跑！”“不准哭！”“停止吵闹！”有时他们还会威胁说：“看我下次还带不带你出来！”“你回家后小心一点！”有的父母甚至会忍无可忍地揍孩子一顿。在孩子的哭声中，我们可以察觉出父母的愤怒、孩子的怨恨，愉快的出游气氛就此全部消失了。然而更让父母无奈的是，孩子并没有因这次的教训而有所改变，亲子间一次又一次发生冲突，不愉快事件不断上演。

让孩子在公众场合表现出合宜的行为，除了要改变在家中的严厉态度与压制手段，重新建立亲子的良好关系外，父母可以参考以下三点建议：

（1）与孩子讨论外出时什么样的行为是尊重他人、什么样的行为会受人欢迎、该如何表现才能使大家愉快等话题，并且具体地说明你想要孩子改变的行为是什么。实施时，千万不要期望孩子一下子改变好几个不当的行为，得让孩子一个一个来改。同时别忘了，当孩子表现好时多给予鼓励。

（2）与孩子讨论他表现不好的合理结果。比如说，在餐馆中吃饭，告诉孩子说："表现好，我们可以愉快地享受晚餐；表现不好，我们只好带你回家。"之后坚持所说的原则，如果孩子表现不好，父母一人或两人冷静地带孩子回家。不用说一句话（不要责骂），孩子很清楚地知道这是因为自己没有遵守规范。一两次后，相信父母和孩子出门，会乘兴而去，尽兴而归的。

（3）利用机会让孩子观察别人家孩子表现良好的情形，并且告诉他，别人也需要有安静愉快的气氛。也可以在家中模拟和练习在餐馆吃饭的规矩、在别人家做客的礼貌言行等。这种试验一方面可以引发孩子学习的兴趣，另一方面由于没有别人在场，父母不会感到失面子。然后，再邀亲友来家中做客，考查孩子练习的效果。最后进一步在小的场合、大的场合让孩子渐进学习与适应。

父母有责任教导孩子做好社会学习的准备，最重要的是父母本身在公众场合中是否表现合宜，这往往是孩子认同模仿的机会。同时，孩子必须了解到各种场合应有的规范和行为以及做出不好行为的后果。父母运用行为的结果时，应保持冷静、坚定，而且立即行动，不要生气、威胁或责骂孩子。假如家中的其他成员因此有所损失或不适（如上述建议的停止进餐，一起回家），但这是训练孩子的代价，如果这么一点小的代价，能够换取将来全家出游、外出用餐或访友的愉快，是非常值得的。

爱 就 是
读 懂 孩 子

爱 就 是
读 懂 孩 子

随着孩子的成长，孩子会因一些行为目的使出各式各样的招数，使父母感到麻烦，甚至出现令父母头疼不已的问题行为。对于孩子的招数，父母先别慌，也不要胡乱应招。下面将举出一些孩子问题行为的例子，并提供应对策略和原则，帮助父母从容有效地化解这些问题行为。

Chapter 8

# 化解孩子的问题行为

## 第一节
## 孩子制造的麻烦

在每天的生活作息方面，孩子可能带来一些让父母烦心的事，如果父母不能妥善应对，可能导致亲子之间的冲突，而且使自己和孩子感到很深的挫折感。因此，下面介绍几种孩子制造的麻烦，以及可供父母应对的策略。父母会发现，这些应对策略或是前几章谈过的其中一种教育方法，或是多种方法的综合应用。

### 一、早晨的磨蹭

常听到父母说："每天早晨叫孩子起床、刷牙、穿衣、吃饭直到出门上学，真是一天中最有挑战性的时刻！"因为孩子总是赖床、不肯吃早餐，甚至不肯上学。

林太太有两个儿子，每天早上家里总像菜市场一样吵闹，因为老大总是赖床，需要人三催四请，而且非到不得不起床时，才肯起床。老二虽然能自己起床，却非得哭着要妈妈帮忙穿衣服不可。两个男孩都不爱吃早餐，不管妈妈准备的是什么，都得大费周章，连哄带骗甚至是责骂，才会让他们吃下早餐。通常结束这场忙乱后，孩子们也错过了校车，妈妈只好匆匆忙忙地开车送他俩到学校去。

在两个男孩不合作的情形下，林太太像用人般地忙着。当然，林太太也认为，把两个孩子送到学校是她的责任。可是，她却忽略了孩子也该有及时学习自我生活管理的机会，如果林太太一直照目前的方式照顾她的小孩，那么她的小孩将永远学不会什么是自己该做的事，什么是自己应负的责任。

因此，父母可以跟孩子讨论这些问题，共同找到解决的方法，例如为孩子买一个闹钟，并教孩子如何使用。同时告诉他，父母希望他能自己起床、穿衣服、吃早餐及出门上学。

在早餐的准备上也是一样。不论是谁准备的早餐，或是什么样的早餐，孩子都是唯一有权决定他吃不吃早餐的人。如果孩子不愿吃早餐，那么自然结果是会饿肚子，让孩子从饥饿中体会他自己所做的决定带来的自然结果。

如果因为早晨的磨蹭行为而迟到，那么就让孩子在自然结果中（老师或学校的处分）了解自己的行为所带来的后果。当然，孩子错过了学校的校车，如果父母考虑孩子独自上学危险，下面有两种方法可以处理这样的情形。但切记，这种情况下千万不可开车送孩子去上学，或叫出租车送孩子到学校。因为那都是一种特别的服务，会让孩子误认为，时间来不及时，爸妈总会开车送我上学，从而养成赖床或其他磨蹭等坏习惯。

（1）改变例行公事的执行。例如，孩子如果喜欢吃早餐，那么规定他必须穿好衣服，做好一切事后才能来吃早餐；如果他拖延时间，导致来不及吃早餐，那他只好饿着肚子去上学了。

（2）只有在特别的情形下，才容许孩子留在家里不去上学。跟孩子确立一个原则，只有在生病的情况下，才可以不去上学，这是不上学唯一的理由。因此，当孩子告诉你，他不舒服而不想上学时，那他就必须躺在床上休息，不能随便下床玩耍，即使其他孩子放学回来时，也不允许他跟他们去玩，因为他正在“生病”。

如果孩子吵闹，不愿留在床上，那么可以换一个方式，即要求孩子必须仍像在学校一样，按功课表上安排的课程进行温习。并且在放学前的那段时间里，都不要去理会他，不要跟他有任何互动（包括中午让他自己单独吃午餐），因为他应该在学校里，而不是在家里。

## 如何让孩子不赖床

在日常生活中，最令父母头痛的几件事，是叫孩子起床、吃饭、洗澡、上床睡觉等。许多家庭中，早上犹如战场一般，一方面自己赶着做早点、上班，一方面得迅速地把孩子弄妥当，让孩子上学去。在大人一天紧张忙碌地开始时，孩子却在赖床，对父母的催促充耳不闻；起床后懒洋洋的，要你在屁股后面跟着吼叫、催促……常可以发现父母处于一种紧张和沮丧的状态。事实上，父母做了太多不必要的服务，而且给予孩子过度或不必要的关注。

也许有人会奇怪为什么有些父母没有这类的困扰，他们的孩子独立自主，而且很会照顾自己的生活。难道是孩子的生理问题——睡眠不足、做功课或看电视太晚等，还是孩子的个性如此——反应慢、生性懒散等，造成孩子赖床的拖拉情形。其实，这都不是原因，也不能成为父母纵容孩子的理由。

如果想让孩子养成准时起床的习惯，只有让孩子面对一个自然的结果：赖床的结果是来不及吃早餐，或者上学迟到而受到学校、老师的责罚。这种方式意味着早上起床是孩子自己的事，由孩子自己来承担这种行为所带来的后果。具体而言，给父母以下的建议：

（1）假如你的孩子年龄稍大能使用闹钟（通常五岁的孩子就能

学会使用），和他去买一个他喜欢的闹钟，然后教他怎么定时，怎么关掉响声。

（2）假如孩子不喜欢用闹钟，告诉孩子以后叫他起床，每天早晨叫他起床只叫一次。

（3）和你的孩子讨论早上几点起床对他最合适，目的在帮助他订立一个生活的规范。让他自己计划和安排起床穿衣、洗漱、吃早餐、上学等所需要的时间，也可就此订出一个合理的起床时间；如果试验几个早上时间不够用，再讨论订出一个更早的起床时间。

（4）假如家里不止一个孩子，而且分房睡，你得为他们各自准备一个闹钟，或分别到他们房间叫他们起床。

（5）既然做了一些准备工作，也订下了一些规范，就照着去做。不要再唠叨起床这件事，只是观察其中的变化，让孩子去体验睡过头的结果。

## 二、放学后的争执

毅霖，九岁。毅慈，七岁。放学到家时，两个人争着进门，并大声呼喊。跟母亲打过招呼后，放下书包就玩了起来。妈妈说：“到房间里去，把校服换下之后再玩！”两个人于是走进房间。不一会儿，房里又传出玩闹的声音，母亲走过去看了以后，很生气地说：“叫你们把校服换下再玩，为什么不听话？”然后就离开了，房里安静了一会儿，再度传出玩闹的嬉戏声，母亲很生气地冲进房间里，吼叫：“还不换下衣服？我要打人了！”这时，两个孩子才心不甘情不愿慢吞吞地脱下了他们的校服。

约半个钟头后，两个孩子到厨房去吃点心，结果又把厨房弄得乱七八糟，到处都脏兮兮的，母亲很生气，命令他们把弄脏的地方收拾干净。孩子们很不情愿，结果在母亲三番两次地检查、要求下，好不容易才收拾好。此刻母亲生气，孩子也不高兴。

从上面这个例子中我们可以看到，母亲陷入与孩子的争执中。在碰到这种情形时，母亲可以利用自然的行为结果来使孩子意识到自己的行为不当，而不需要一而再，再而三地用言语提醒和责骂他们，这种做法不仅无效，还会伤害亲子间的感情。

针对这种情况，首先，母亲可以告诉孩子们，若是放学后不换下校服就去玩耍，那么隔天就必须穿着脏兮兮或褶皱的校服去上课。当孩子们了解这件事，却仍未换下校服就玩耍时，母亲不必生气，也不必催促，第二天就让孩子穿着弄脏的制服去上学，这样一来孩子就会知道，自己不当行为所带来的后果最终还是要自己承担的。

另外，当孩子吃点心把厨房弄得脏乱时，母亲也不必生气，她可以拒绝做晚餐。当孩子肚子饿，该吃晚餐时却未见妈妈做饭，他会问："妈妈，今天怎么不做晚餐？"这时妈妈就可以说："不知是谁把厨房弄得又脏又乱，让我没有心情做晚餐。"说完后，母亲可以离开，回到自己房间，这时孩子就会知道是自己闯的祸，自然就会赶快把厨房收拾干净了。

## 三、晚餐时的冲突

晚餐时间是全家人在一天工作、上学的疲惫之后，相聚在一起的美好时光。可是这段美好时光常常因为一些天天重复出现的小问题而弄得大家心情不愉快，破坏了美好用餐的气氛。

每次吃饭时，国维总是要妈妈一再催促，而且非得挨到最后一刻才肯上桌吃饭。

芳慈也是如此，每次都只顾着玩，爸妈总是费了好大的劲才能把她抓到饭桌上吃饭。因此，每次真正坐下要吃饭时，爸妈和孩子们都已生了一肚子气，只能胡乱吃下晚餐，结束一天当中本应是最美好的相聚时光。

从上面的例子中我们可以看到，父母每天都穷于应付同样的问题而导致自己和孩子都不能高高兴兴地用餐。父母别再浪费精力、时间及愉悦的心情了，运用合理的行为结果来矫正孩子的行为吧。父母可以在一天最舒适的时间里，例如晚餐后，全家吃水果的时候，告诉孩子，妈妈做饭很辛苦，这种辛苦也是她对全家人爱的表达，我们也要对这种爱予以回馈。因此，今后吃晚餐时，妈妈只要叫一次，我们大家都得来吃饭，而不愿过来吃饭的人，就表示他不饿。同时，大家吃完后，还应随即把饭桌收拾干净。而没吃的人，只好等到第二天早晨再吃早餐，且不准到柜子里找饼干等零食来解饿。父母不仅要这样说，更要态度坚定地这样做。当然，父母在与孩子讨论这件事时，态度绝对是友善而亲切的，要让孩子知道，吃不吃晚餐是他自己的权利，父母尊重他。

玫琪很挑食，每次妈妈煮的菜，她都不爱吃或只吃一点点，一定要母亲连哄带骗才会吃下一些饭菜，妈妈非常担心她的健康，也觉得每次吃饭都如此累，真是不胜负荷！

从这个例子中可以知道，玫琪一点都不为自己的挑食或没有吃饭而担心，倒是妈妈会深深地陷入这个困境中。此外，母亲的做法会让玫琪觉得自己这样的行为能够获得母亲更多的注意与照顾（喂她吃饭，注意她吃得多少等）。针对这种情况，母亲可以找个合适的时间，与玫琪讨论，并告诉玫琪，每个人都有自己喜欢与不喜欢的食物，因此不能因为个人喜欢就专吃那一样菜。如果这样以后，玫琪仍不愿吃饭，那就算了，待大家吃饱后，母亲就收拾干净，同时不准玫琪吃水果，也不准吃冰箱或柜子里的饼干、糖果等，让她饿着肚子等到隔日吃早餐。

## 四、睡觉前的拖延

婷婷，七岁。培育，十岁。每次到了该睡觉的时候，他们总是不肯上床睡觉，不是吵着要看电视，就是赖在爸妈的房间里。每次妈妈都得费好大劲才能让他们上床睡觉。婷婷与培育之所以不愿意去睡觉，是觉得他们去睡觉了，而爸妈都还没睡觉，这不公平。

父母想要有效地处理这一类问题，首先，不妨与孩子们开家庭会议或个别讨论，了解孩子们不愿睡觉的原因，并允许他们依自己的想法提出自己愿意上床的时间，而且依年龄差异而给予不同的待遇。甚至可以让孩子待到跟父母相同的睡觉时间，让孩子们知道如果他们睡着后，并不会有任何特别的事会发生。虽然孩子头天晚上睡迟了，第二天早晨父母还是必须在平常同样的时间叫醒孩子，让孩子自己体会到睡眠不足、精神不好的自然结果。如此，孩子便能乐意地在该上床的时间安心而快乐地去睡觉了。

### 如何让孩子肯上床睡觉

孩子不爱睡觉似乎是父母普遍的困扰之一。大多时候，这个问题是来自观念上的偏差，许多父母并没有体会到这个事实：没有人知道或决定别人到底需要多少睡眠。

不管父母多么努力，都无法让孩子入睡，但是到了睡觉时间，可以容许孩子进入自己的房间，容许他决定房间的灯是关着或开着，他可以玩玩具、看书，直到他累了，孩子也许会累得躺在地上睡着了。没有关系，在很短的几天内，他会学会支配自己的睡眠，而且好好地睡在床上。每个人都有权利决定自己的睡眠时间需要多少，比如，儿子可能要睡足九个小时，而女儿可能只需七个小时，她就可以晚点睡；父母无须为他们规定一个统一的睡眠时间。

以下有几点建议，提供给父母解决孩子的睡觉问题，只需要坚持地实施一两个星期，即可见效。

（1）和孩子讨论，由他们自己决定何时上床睡觉。通常孩子所决定的时间会比父母所预期的更合理。假如过去是九点，他们现在可能说是九点半或十点，没有关系，但是告诉他们必须待在自己的房间里，因为九点以后是爸爸妈妈想单独相处的时间。

（2）告诉他们，待在自己房间时，他们可以随意安排自己的活动，只要不影响到其他人。

（3）在孩子的要求下，父母可以应他们的请求，坐在床边陪他们一会儿，聊天、唱歌或说故事都可以，但不能超过十五分钟。还有，父母绝不能躺下来陪孩子入睡，这样很难脱身。

（4）假如他跑出房间来，只要沉默地带他回房。假如他再跑出来，那么父母则安静地回自己的房间，不去理会他。过程中，父母脸上不能带着不愉快的表情，因为那会让孩子以为自己的行为会让父母注意到自己而乐此不疲。

（5）观察一下孩子早上起床的精神状态如何，如果他显出疲态，那么原先定的睡觉时间可能不适当，和他讨论把时间提早些。

（6）假如孩子半夜醒来要上洗手间，不要陪他去。只需在走廊和洗手间点着一盏小灯即可，他可以自己去。

（7）不要随意答应孩子跟自己睡的请求，当然特殊情况除外，如孩子生病等。另外，父母还可以在周日早晨邀请他过来睡一会儿，以增进彼此的感情。除此之外，不要让孩子上自己的床，父母可以告诉他（只需一次），他这样做会扰乱了自己的睡眠。如果告诉他之后，他仍然要来吵闹，父母可以锁上房门不让他进来。只要锁上一两次，便可看到效果。

（8）假如孩子会做噩梦或怕黑，不要给予太多的注意力。当听到孩子在夜里哭了，先等一会儿，听听哭声是否一下子便停了。若还一直在哭，父母中只要有一人去看看他，无须说任何话。若发现孩子醒了，而且很害怕，给予几句安抚的话，告诉他那只是噩梦，然后待他入睡再离开。总之，父母在孩子睡觉的问题上给予的注意力应尽量降低。

（9）不要对孩子的睡觉问题大惊小怪，因为那样可能会养成孩子不良的睡眠习惯，这种习惯可能会一直持续到成年。

很多父母不相信孩子会独立，这其实是对孩子的不尊重。假如给孩子机会，他会表现得机警灵敏，他有能力学习到自己需要多少睡眠，而且会养成良好的睡眠习惯。父母要切记：让孩子对自己的事负责。

## 五、父母基本的应对原则

面对孩子制造的麻烦事，父母可以按照以下原则来妥善应对：

**1.友善且尊重的语气**

孩子是最好的观察家、感觉者，因此，父母对孩子说话时必须表示出对孩子的尊重，并且是发自内心的尊重，这样才能真正地影响孩子，与孩子建立良好的感情，进而妥善地应对孩子的挑战。

**2.温和而坚定的态度**

在应对孩子时，大多数父母不是很坚定，就是很温和。很少人能同时兼顾到坚定和温和。坚定是处理事情的原则，温和则是对孩子的尊敬，二者必须兼顾。

**3.坚决地执行要求**

孩子总是重蹈覆辙，如果不是故意试探父母的决心，就是尚未准备好改正自己的行为。这时父母就必须坚定地执行所有的要求，使孩子能真正地学到负责任及养成认真的态度。

**4.运用鼓励的方法**

多引导孩子看到自己努力的成果，如此父母能鼓励孩子不断求进步的欲望，同时也建立孩子的信心，培养孩子的能力及负责任的态度。避免用责骂、轻视的方式要求孩子，那样会使孩子产生自卑。

**5.采取自然的行为结果**

对于孩子不适当的行为不需要用责怪、打骂的方式来惩罚他。因为，他从自己不当行为的自然结果中得到教训后就会改正。

总之，孩子的一些不好习惯需要一段时间来慢慢改变，因此，父母要有耐心地运用上述介绍的一些策略和方法，一步一步地教导、帮助孩子改变。如果一时未见成效，无须灰心，继续努力必能成功。

## 第二节
## 孩子玩的把戏

所谓“孩子耍的把戏”并不是指过家家、躲猫猫或老鹰抓小鸡等游戏，而是指孩子为达成某些目的所表现的行为方式，例如说粗话、打架、耍赖、说谎、偷窃等。如果父母能仔细想想，将会发现这些行为背后总是暗藏玄机，也许被忽视已久的孩子想博取注意与关心，或是孩子不满父母的管教方式，有意“将军”，也许只因为父母上次对他的误解使他决定当个父母心目中的“坏孩子”。

孩子玩的这类把戏，通常需有两类参与者——主事者与被害者。主事者即孩子本身，而被害者可能是老师、父母、兄弟姐妹、其他儿童。往往只有主事的这个孩子才知道玩这些把戏的“规则”，所以他经常是这个把戏的赢家。而玩把戏真正的结果可以从参与把戏者的反应看出，如果参与把戏的大人的反应是恼怒、发脾气或用强制手段阻止等，正好符合孩子的本意，那么这个把戏将继续下去。但大人（特别是父母）如果不再跟他斗或不给予孩子预期的反应，把戏自然会停止，因为孩子不可能在“没有对手”的情况下继续玩下去。

有些把戏是孩子从观察父母与别家父母的交往，或邻居孩子、同学玩的把戏中学习而来。家庭气氛与家庭环境对孩子耍“把戏”的发展都有影响，父母除注意平日的身教及选择良好环境外，如果能应用适当的反应方式，相信便能停止“孩子玩的把戏”。以下介绍几种孩子经常玩的“把戏”及其应对原则，供父母参考。

## 一、惊人之语

孩子常可从朋辈中听到一些粗俗的字眼，他也许根本不懂这些字眼真正的意思，也不知道父母听了会很难受，只是无意地在父母面前呈现。而此时，大多数父母反应总是会一脸惊讶，同时强烈地阻止孩子再说这些字眼。于是孩子发现，讲出这种字眼可以获得注意，而这可能正是他所渴求的效果，日后他再要获取父母的注意时，便会如法炮制。

针对孩子这种“出口成脏”的把戏，父母有许多方法让其停止。在孩子说脏话时，父母不要去强调那些不好的脏话或粗话，便能减少它出现的次数，甚至让它们从孩子的口中消失。父母可以参照下面方式处理：

九岁的小毛和八岁的妹妹小咪，结伴在家附近的公园里玩，听到有些较大的孩子骂人，于是回家后他们开始在妈妈面前模仿。妈妈冷静地问他们知不知道字的意思，当她发现他们并不知道时，便花了些时间解释，并要求不可再在她面前说出这些字眼，她的要求得到了尊重。

父母以冷静的态度去处理，并尊重孩子，不当面斥责，在孩子们不会觉得难堪的场合下给予指导，那么父母的要求会被尊重。有许多父母或老师常抱怨现在的孩子不尊重长辈，其实尊重是相互的，父母一方面对孩子大吼、威胁、处罚，在许多人的面前让孩子下不了台，同时又坚持孩子必须尊敬长辈，孩子当然不会接受这样的双重标准。父母时常也期望孩子谅解大人们动怒时对他们所表现的不尊重（毕竟人非圣贤），但是当孩子有同样的情况发生，成人却少有相同的忍耐力。因此，如果成人要求得到尊重，也应对孩子有相对的表示。

小玲，七岁。她不满妈妈反对她参加学校的露营，和同学一起过夜，于是哭喊道："其他同学的妈妈都同意她们的孩子参加这样的活动，我真希望您不是我妈！"以往她这么说可能招来妈妈一顿打，然后被赶上床睡觉。但这次小玲的妈妈尝试一个新方法，她以同理孩子感受的口吻说："我知道你很生气，也知道你心中的感觉。"这使小玲很惊讶，很快她便从盛怒中平息下来。

当孩子企图以恶言使父母伤心时，父母可以给他一些台阶下，稍稍同意他的说法："你也许是对的""你的确有权利这么想"，有时也可以保持沉默或故意忽视他的说辞。当孩子顶嘴时，他可能企图和父母争斗，除非父母想陪他玩他所期望的把戏，否则这个把戏难以为继。

## 二、好戏上场

玩这个把戏至少需要两个孩子，还需要加上一个不知情的裁判。以手足之间的争吵为例，正如其他不当的行为是有目的的，孩子这样做也有其目的，通常是为引起父母注意或反抗父母，所以孩子时常会选一个被父母称为"好孩子"的孩子争吵。

孩子间的吵架开始时可能会很严重，这也是在借此试验父母是否真的不管，如果父母不参与，争吵便不再那么激烈。很多父母容许男孩打架，却不准他们打女孩，这种双重标准会造成男孩女孩间的摩擦，许多女孩因此利用这项"保护"去欺负兄弟。但女孩也很容易学会当父母不会介入争吵时，她们便不再轻举妄动地欺负兄弟。另外有些父母发现，当年长孩子欺负年幼孩子时，他们很难不理会，因为他们觉得年幼者无法保护自己。这个观念时常被年幼者利用，把父母视为一项有力的武器去控制年长者，所以父母对年幼孩子的保护要慎重，以免造成大孩子与小孩子进一步不合，甚至引起大孩子与父母间的摩擦。只有当父母拒绝介入争吵来保护幼小者时，他才会知道不去挑逗大孩子而惹出风波。当然开始时，他也许会小题大做，希望回到被保护的角色，但父母若坚持中立态度，他也只好打消念头。

父母不主动介入孩子间的争吵，但也难免他们其中之一跑来告状，跟父母说："是他先打我的！"此时父母可告诉他："这是你和他之间的事，你们可以自己解决。"父母这种处理态度正可以培养孩子自行解决问题的能力。但孩子不一定喜欢父母这种做法，所以他会尝试各种手法引诱父母回到这个把戏中。有些孩子甚至会使自己受伤来获得父母的关爱，当他有这种企图时，打架的另一方也会有这种默契，让他受点小伤害，也许并不会真的伤及他。不过，如果用一些器具，如棍子、刀等，很可能弄假成真，造成年幼孩子真正受伤害，父母要及时制止，可将器具拿开，仅此而已，剩下的事就让他们自行处理。

争吵场地也是父母须特别注意的，如果争吵的双方是在自己房里或其他无危险性的地方时，父母可不加任何干涉，但如果是在会危及身体或对家里摆设造成破坏的地方，父母可告诫他们要争吵可以，但得到指定的场所，如家门外、自己房间里等，这种让孩子更换场地的做法，会使孩子觉得没趣而停止吵架的把戏。

所以，父母所持的态度很重要，在孩子吵架时不要牵扯进去或急于阻止，这样一来，孩子原先吵架的目的便不会成功，他们只好结束把戏。

## 三、危如累卵

玩这种把戏的孩子通常是瘦弱型的，有恐惧的眼神，一副很不快乐的样子，让父母觉得他需要特别照顾，否则他就会崩溃。这类孩子常会让父母觉得他像是踩在鸡蛋上，一步没踏稳，情况就变得不可收拾。基本上他就是想利用这种感觉控制每一个人。

如果父母像这种孩子所预期的，给他许多特别的照顾，陷入这种把戏中，会让孩子失去学习正确地进行人际交往及处理感情的机会。要知道，父母的过度关心常常会阻止孩子与人沟通，并妨碍他们的身心发展。

## 四、说谎

一些孩子在撒谎时，简直是睁着眼睛说瞎话。如晚餐前，彬彬向妈妈要零食吃，妈妈担心彬彬因此吃不下正餐，便拒绝了他的要求。不久，妈妈进彬彬房里见到彬彬正在看电视，巧克力饼的碎屑抹得满脸都是。妈妈说："我记得告诉过你，不能吃零食，为什么老不听话？"彬彬接着说："没有，我没吃。"妈妈："还说没有？那你脸上是什么？"彬彬赶紧抹掉脸上的饼干碎屑，哑口无言。妈妈接着又说："我不喜欢被欺骗，我想今晚的晚餐你就不用吃了！"

彬彬实际上并不想隐瞒什么，否则他尽可以消灭"证据"，那么他为什么要睁眼说瞎话呢？他不过是想博取注意或达到不吃晚饭的目的罢了，因此他总要留下一些"证据"。母亲如能视若无睹，不动声色，便会使彬彬放弃类似这种睁眼说瞎话的行为。

孩子说谎的原因有许多，有的以此作为避免被责骂、讥笑的手段；有的希望借此得到别人的称赞或同情；也有的是为达到其他目的，或是引起别人的注意，或陷别人于不利的地位；还有可能是受了父母、成人、朋辈及其他人的暗示或示范所影响。

大致而言，想要停止孩子说谎，父母要先停止对说谎表现太过激烈的反应，也许只需静静倾听而不做负向的评论，要不露声色，如果沉默仍不能解决问题，父母可以和孩子一起讨论他的行为目的："也许你觉得爸爸妈妈应该多关心你，多了解你。”这将帮助孩子们考虑如何采用正当的行为来达到自己的目的。

## 五、偷窃

某日，陈先生夫妇带孩子逛百货公司，两天后母亲在整理孩子的衣柜时，发现小菲的柜子多了条时髦的长裤。她依稀记得小菲在逛街那天神色有异，于是焦急地找来小菲询问："小菲，你这条裤子是哪来的？”小菲脸色青一阵、紫一阵，好不容易才挤出一句话来："我那天逛街时买的！”“抱歉，小菲，妈知道这裤子值不少钱，你恐怕不会一下子有这么多钱吧！这究竟是怎么一回事呢？”小菲耸耸肩，默不作声。妈妈冷静地说："我想这该是你跟百货公司经理间的事，我们最好回到那里和他谈谈吧！”妈妈用一种正面的方式处理这个问题，让孩子从见经理时的困窘情境中吸取教训。

探究一般孩子的偷窃行为，其原因常见以下几种：怨恨或妒忌他人，借拿他人物品泄恨；没有私产概念，根本不知自己的行为是偷窃；有搜集的癖好，以致“顺手牵羊”；因客观情境限制无法获得，借偷窃以达占有之目的，或以偷窃为引人注意的手段；在孩子常接触的人中有偷窃行为的示范等。如果偷窃、说谎的恶习已深，父母最好找专业的心理咨询师或辅导人员解决，也许他的问题并不是父母想的那么简单呢！

以上所谈到的行为及情境，为人父母者可引为借鉴。总之对孩子而言，唠叨、大吼，甚至处罚，都无济于事。只有多抽些时间给孩子，多注意、关心他，才是预防孩子老玩把戏的第一步。

## 第三节
## 孩子耍的绝活

对于孩子玩的把戏在前一节已举例说明，相信父母已掌握了一些教育原则和方法。然而，我们发现，当平日玩的把戏玩不下去时，有些孩子可能会用变本加厉的招数来激怒父母或引发亲子间的冲突。下面介绍几个孩子耍的绝活，以及父母的一些应对策略。

### 一、推向绝境

这是最严重的亲子关系障碍之一，在很多情况下，也是孩子最后的法宝。它并不一定是违规的行为，但是所表现出的“我恨你”“你不爱我”，却是最容易使父母焦虑失措的。只有在亲子关系有所改进时，这种让人窒息的气氛才会有起色。下面来看一则实例。

十一岁的安安想买一条迷你裙，她跟妈妈开口要两百元，但是妈妈没给。于是安安满腹不悦地嚷道：“妈妈你好坏！总不让我做我想做的事，我恨你！”

“这怎么得了啊！死丫头！好大的胆子，翅膀硬了是不是，竟敢这样对我说话，讨打啊！”

妈妈对安安的态度甚为反感，因此便立即加以反击，好挫挫她的锐气。事实上，安安妈妈的做法并不足以让安安听话，反而会使她感觉受到伤害，而滋生更多的怨尤。

身处这种对立情境的父母要做的是，接纳孩子心里的感觉。上面的例子中，如果安安母亲能保持冷静，或许亲子间的关系不至于沦落到不可收拾的地步。对孩子发出的怨尤，她可以回应说："妈妈知道你很生气，觉得妈妈很严厉，其实妈妈只是觉得你该省下些钱来。"

这种做法既能表现对孩子的了解、关怀之心，同时也向孩子表明了自己的立场，父母和孩子友善沟通的方式，将有助于孩子了解与反省。若孩子坦然认错，父母也不要忘记给予鼓励，切忌落井下石或冷嘲热讽。

面对亲子关系的困境，父母也可以说："我知道，孩子，我们都生气了，根本不知道自己都说了些什么，让我们忘了刚刚所发生的事，好吗？"

这种说法不但表达了接纳包容的态度，能够让彼此重新建立起友善的关系，同时让孩子知道生气是正常的情绪表现。

尽管家家有本难念的经，而且每个家庭的情况也不相同，不过前几章所提的一些原则，仍然可供参酌。这些原则就是：

（1）从冲突中抽身。

（2）避免使用惩罚。

（3）确认孩子和自己的感受。

（4）表达"我的信息"。

（5）善加运用鼓励。

（6）使用自然和合理的行为结果。

（7）主动行动而非被动反应。

## 二、打小报告

当父母在场时，家里常会有个饶舌的孩子经常叫嚣着："爸爸！爸爸！小莉做了……，做了……"要阻止孩子玩这种把戏，父母最好暂时不要对孩子的"谗言"有所反应，不妨设法装聋作哑。

花精力去留意孩子的小报告，结果却是造成亲子关系、孩子之间关系的恶化，这可能是最令父母沮丧的事情。因为父母的介入可能让孩子间的竞争关系加剧，况且多数父母只听信"值得信赖"的孩子，对其他孩子的辩驳则视为无稽之谈，有偏听偏信之嫌，从而导改被冤枉的孩子只有沮丧地看着受父母宠信的孩子独享好处，心生委屈，产生情感疏离。

那些寻求父母宠溺的孩子，经常会使些小手段，如打小报告等，而让其他孩子看起来很坏，以显示他自己的好。但是，这种孩子的内心是自卑的，因为他认为自己没有能力用良好的行为去博取父母的注意，虽然发现采取打小报告的方式可以获得父母注意，但是他的自卑感却未因此消除，而且可能更为沮丧，因为他仍然觉得自己没有能力用适当的方法去博取父母的注意。

八岁的小莉和十岁的小达正在房里玩，突然小莉哭着跑入厨房。

"妈！小达把我的洋娃娃弄坏了！"

"为什么他要弄坏你的洋娃娃呢？"

"小达想玩我的洋娃娃，我不让他玩，他就把洋娃娃往墙上砸，呜……"小莉号啕着。

妈妈气急败坏地冲入房间内，严厉地斥责小达："小达，你有没有弄坏妹妹的洋娃娃？"

"小莉好自私哦！她都占着我的玩具玩，却不许我碰她的玩具。"小达愤愤不平地回嚷着。

“这不是理由，你该知道不能把东西摔坏，尤其那不是你的东西。现在你立刻向妹妹道歉，并且赔她一个洋娃娃！”

小达愤怒地夺门而出。

小达的确不该损坏玩具，但一味地追问“为什么”，却只是徒劳无功的做法，因为孩子往往并不十分了解自己行为的动机。更重要的是，妈妈并没有给予孩子表达感受的机会，而这种良机往往因为父母听信片面的小报告，便贸然卷入孩子的争吵而悄然丧失。

争吵是所有参与者共同的责任，如果只惩罚其中一人，只会让情况更加恶化。孩子应该学会如何与人和睦相处，父母不贸然介入将有助于孩子从经验中获得相处之道，而父母不盲目地对孩子说教或责骂，更能帮助孩子发展健康的人际关系。父母不要老是一味地扮演法官或警察的角色，死命地追问：“是谁干的？”“谁是罪犯？”这样只会掉入孩子设计的把戏当中。父母应告诉孩子，这些是他们自己的问题，并相信孩子有能力来处理自己的事情。

但是当面临紧急或危险的状况时，父母要切记先解决危机或脱离危险才是最重要的。例如，一个孩子要以重物或利器攻击另一个孩子时，父母必须立即制止，但切勿因情急而大声喊叫，如此反而可能使攻击的一方因惊恐失手造成意外。此时父母应保持冷静，并动作迅速地过去把攻击一方手中的重物或利器拿开，然后用“我的信息”表达自己的感受，即使不开口说话，孩子也知道这样的行为是不对的。或者，当场不表示什么，等过了一阵子或隔天，再找孩子来讨论此事，在双方心平气和的气氛下，父母和孩子可以讨论出如何防范日后类似的危险行为。父母要留意的是，有些孩子会运用危险动作来引起父母的注意，因此无论孩子是否已经从经验中获得教训，事前告诫孩子一些禁止的危险行为是有必要的。

## 处理手足之争

面对孩子之间的争吵有三种方法，建议父母先采用第一种方法，如果没有效果，再采用第二种或第三种。

（1）接纳法。孩子还是孩子，他们需要学习如何去应付生活上的难题，而斗嘴或吵架是他们学习解决问题的方法之一。对于孩子吵架的问题，父母只需保持沉默，让孩子自己去处理。当父母放弃介入孩子的争吵，不急于替他们解决问题的时候，他们迟早会停止争吵，转而学着寻找另一个较有建设性的解决之道。当他们成功地处理争吵后，别忘了适当的鼓励，如："我很高兴看到你们兄妹如此相亲相爱！""我很高兴你们有效地处理了这个问题！"

（2）远离法。不要做孩子吵架的"观众"，如果你一看到或听到他们的争吵就容易心烦或生气，那就到卧室或洗手间去，直到他们吵架结束，再安静地回来。切记，不要在事后对其说教或批评！"看吧！不吵了嘛！"这种画蛇添足的话反而会前功尽弃。

（3）隔离法。要求吵架的孩子到屋外去，但得特别注意自己的态度和言辞，父母可以依照下列步骤来进行：

第一步，告诉他们（注意自己的声调和语气是平静的）："如果你们要继续吵，你们必须到外面去。当你们结束以后再回来。"记住只说一遍，不要重复说。

第二步，假如他们不愿到外面去吵，父母要不带怒气地带他们到屋外去。记住态度要坚定。如果父母要使用隔离法，再次强调保持"完全沉默"的重要性。

没有人喜欢吵架，如果孩子想吵，可以提供他们一个不打扰别人的场地。当父母使用以上建议的方法时，孩子间的吵架会很快地结束，风暴会很快地消逝。

## 三、无理取闹

这是孩子在他人能够赐予舞台（情景)的状况下正式“粉墨登场”的把戏，是孩子渴望事情能够依他的意愿进行的伎俩。上演的方式包括：跺脚、倒地、尖叫、呐喊、威胁、哀求等，而孩子的观众，也就是父母，则是目瞪口呆、茫然失措、试图安抚或暂时屈从。不论父母的表现是哪一种情形，孩子的伎俩都已得逞，毕竟“观众”已经被他们耍得团团转。即使父母有所作为，也不过让孩子达成了吸引注意的目的。这种企图可以补偿其他方面（如学业上）的挫折失败，但是当“观众”离去时，这出戏便落幕了。

有些父母采用责罚打骂来处理孩子的无理哭闹，以遏阻孩子不当的行为，但孩子的行为却更加恶化，他们心想：“假如不能按照我的方式行事，至少要让你难过一阵子。”比如：

七岁的小雷爱乱发脾气，他这样已经有好长一段时间了，只要有任何事情不合他的意，他便尖叫、哭闹、赖在地上，母亲曾尝试用请求、说理和打屁股等方法来制止他的行为，但始终无法奏效。

母亲就此问题请教专家之后，得知小雷很机灵，知道什么方法能够逼自己就范。因此，当母亲所做的不能尽如其意时，他便以此责罚母亲。专家建议，当小雷下次再如法炮制时，母亲最好回到自己房间，扣上房门，扭开收音机、看看杂志，或者休息一会儿，在小雷未发完脾气之前，不要太早出现去理会小雷。

其实小雷在未发完脾气前，已经在妈妈的房门外徘徊了好几回，而且曾经尝试以尖叫、敲门和踢撞等方式使母亲开门，母亲坚守原则并没开门，并把收音机的声音又调大了些。过了些时候，整幢房子终于恢复了宁静。

孩子发脾气是相当典型的问题，这是考验父母忽视孩子无理取闹的能力。前例中，小雷知道母亲无法不理他，只要他变本加厉，得寸进尺，便可得逞。最后母亲坚定心意，锁住一道门，加以隔离，让小雷知道那是无效的，最终使他的这种无理取闹的行为得以改正。

## 四、“破唱片效果”

“破唱片效果”是孩子针对父母在一天中数以百次的唠叨所产生的假装听不见或根本不听的现象，只要父母话匣子一关，或父母起身离去时，孩子马上不再装聋听不见。

许多父母习惯说太多或太言过其实，其实显然毫无作用。亲子之间需要沟通，但沟通必须是双向的，也就是让父母及孩子都能听见彼此的感受，同时要以自然或合理的行为结果来取代挑剔或责罚，让孩子从不当行为而产生的不愉快经验及结果中，重新学得如何发展人际关系，因为行动胜过空谈。

## 五、拖延战术

这是孩子拖延父母的最佳法宝。譬如，当家人准备外出时，父母总会重复提醒并叫嚷着：“你准备好了吗？”“下次我们会把你丢在家里。”事实上，这样只会使拖延的情形依然如故。父母最好放弃等待，才能训练孩子“时间不为任何人停留”的概念，一味地等待尚未准备就绪的孩子，往往给他错误的印象，误以为时间是可以为他停留的。为使孩子能有效地运用时间，准时就位，所有的父母均需了解孩子准备就绪所需要的时间，并借助适当的训练方法，让孩子学习如何建立自己的时间表，善加利用每一段时间，把握要领行事，如此才可避免发生亲子关系的冲突。

王先生夫妇常因小强拖延时间而难以准时赴宴，而且常弄得困窘不堪，即使他们经常用呼喊、说教、威胁、利诱等方式，却屡不奏效，且小强还有变本加厉的情况出现。当然他们也尝试让小强提前准备，但小强却边玩边洗澡，即使穿衣服也都是东挑西拣的，由于他们不了解小强的行为目的，因此困境一直未见改善，小强准备的步调也总是慢！慢！慢！

小强发现这种拖延的战术足以控制父母的作为，且还是对抗父母催促的最佳妙方。王先生夫妇对如何使小强准时就绪，一直感到束手无策。

假如父母能够改变对小强的态度，也许能得到小强的合作。首先在每次赴宴前最好先征求孩子的意见，许多孩子最讨厌被迫去参加大人们要他们同去的聚会。尊重孩子是获取孩子合作且让孩子行动最重要的因素及最简捷的方式。

假如孩子决定不去，就得先知会保姆或照顾的亲人一声，让他们在自己不在家时帮忙照顾孩子。

这天，王先生夫妇又要参加一个宴会。傍晚五点刚过不久，王先生对小强说："我们将在七点准时出门，如果你愿意跟我们一道去的话，请你一定要在七点以前准备好，否则到时候我们只带小安一起去。"王先生夫妇便不再多说废话。

六点四十五分，小强还未洗澡换衣服，依然优哉游哉地荡来荡去。很明显，他赶不上宴会了，因此王先生夫妇便请保姆来帮忙照顾他。

七点钟门铃响了，保姆站在门口，小强这会儿才知事态的严重，赶紧跑上前去拉住即将赴宴的爸妈。

“爸！妈！再等一会儿嘛！真的只要一会儿就好，我很快就好了，等一下嘛！不要走！不要走嘛！”小强哭诉着。

“孩子啊！我们知道你很难过，但是已经七点了，我们得走了，回头见。”

王先生夫妇通知小强“假如在七点钟以前没有准备好的结果”在先，又让他做决定在前，他们之所以如此，主要是为避免争吵或冲突。然而，这样的做法需要经过几次练习，小强才会学到应该在到时间之前，就得准备就绪。

在上面探讨孩子们玩的各种游戏和耍的把戏之后我们不难发现，要培养一个有责任感的孩子，父母必须从多层面来考量应对策略和方法。尤其在亲子关系里，绝不可守成持旧，只有把握原则，时时改变做法，才能增进亲子沟通，构建健康的家庭关系。

爱 就 是
读懂孩子

家里是否要有家庭会议，取决于父母的态度。当然，父母觉得与孩子已有良好的沟通，不见得非要开家庭会议。如果父母都认为家庭会议是一种很好的沟通形式，那么是最理想的情况。而如果父母中只有一人认为这种形式有其价值，同时孩子也希望有这么个机会和父母沟通的话，家庭会议仍可以进行。即使家庭成员中只有单亲父母和孩子，若能通过定期的家庭会议来讨论问题和进行沟通，对增进彼此关系也是有助益的。

Chapter 9

# 家庭会议功能多

# 第一节
# 家庭会议的建立

家庭会议，顾名思义就是全家人一起来讨论问题、表达意见、沟通想法和解决问题的会议形式。事实上，家庭会议无须像机构或工作场所的正式会议，这样不仅可以使家人在轻松的气氛下化解矛盾或冲突，而且能和谐地达成家庭成员的共识与合作。

## 一、家庭会议的功能

通常，一个典型的家庭会议有以下六种功能：

（1）沟通意见并达成协议。例如周末及假日活动的决定，不论是去旅游、看电影、上馆子、听音乐会、看画展，或访长辈亲友都可以提出来，彼此交换意见，最终达成一致，使全家人都高高兴兴地度过快乐假期。

（2）学习到如何计划、做决定。在会议中通过对话、讨论，以及对家人意见的分析，综合出符合大家理想的决定。这些过程正可让孩子学习如何去计划、决定、执行活动，以及对自己的决定负责，从而培养孩子的自信心和责任感。

（3）解决家庭中的冲突。在会议中通过意见的沟通，使彼此更能互相体谅，也更能以同理心去感受别人，借此透视问题的症结、解决问题，顺利解决日常生活中免不了的冲突和危机。如此，也可让孩子学习到光是生闷气、责难别人、推诿责任、坚持己见是不能解决问题的，只有开诚布公地把话说开来，让别人了解你的感受，才能避免误会，最终解决问题。

（4）公平分担家务。每个家庭都有许多烦琐的家务，如扫地、洗衣、洗碗筷、买东西等。现在的家庭，多数父母都有工作，晚上下班回来，光靠母亲一个人做，是不合理的。还有一些所谓“好妈妈”型的家庭主妇，全部家务一手包办，孩子连一点学习家务的机会都没有，这不仅妨碍孩子独立性的发展，也剥夺孩子对家庭的贡献和成就感。父母和孩子可以借着家庭会议来讨论、分配各人在时间与能力上能负担的工作，让每个人对家庭都有一份参与感，相互合作。

（5）了解彼此的想法。家庭成员由于每天生活在一起，摩擦和争执在所难免。若沟通不良，那么家人之间的误会与隔阂必然日益加深。因此家庭聚会可以成为家人吐露心声、表达意愿，以及解决问题的最佳机会。例如，十岁的小明，父母要他帮忙洗碗筷，可是他宁可每天负责打扫，也不愿洗碗，尤其晚饭后的洗碗工作，因为这往往会耽误他看儿童节目。因此，他总是先看电视，任由餐桌上杯盘狼藉。妈妈觉得小明一点儿也不负责任，只帮忙洗个碗都拖拖拉拉的，逃避责任。如果小明能通过家庭会议提出来，让妈妈了解他的想法，那么这个问题可能会迎刃而解。

（6）学习社会经验。家庭是一个小型的社会，也是个人性格、态度养成的地方，孩子可借着民主的家庭生活经验，学习到如何照顾和关怀别人，培养独立自主、互助合作的美德，发展社会兴趣及具有施与受的能力。此外，孩子还可在家庭会议中，感受到别人对他的尊重和接纳，发展自己在家中的归属感和安全感。

## 二、家庭会议的发展过程

如何才能建立家庭会议的制度，让所有家庭成员将家庭会议视为生活的一部分呢？这需要一些发展过程，父母不能强求一朝一夕就能达成，而是需要付出爱心与耐心，让家庭会议从无到有逐渐成形。等到所有家庭成员对家庭会议有了基本的认识和理解，才能开始家庭会议的实际运作。一般而言，发展家庭会议的过程有四个阶段：

**1.理念介绍阶段**

最早的时期，父母可以邀请家庭成员一起聚会，说明家庭会议的理念。如果孩子对家庭会议表现出良好的反应，则可进行下一阶段。如果有的孩子并不太了解，需要更多时间与信息，那么父母可以进一步介绍什么是正式家庭会议。开场白可以这么说："过去，家庭中的一切事情都是由我们（父母）做决定，告诉你们（孩子）必须做什么，什么时候要做好。也许，你们很想提供意见或协助我们，然而都没有机会。我们觉得采用民主的方式，每个星期举行一次家庭会议，借此让大家能一起做决定，一起解决问题和计划生活，可以使我们的家庭生活更和谐。"

**2.说明阶段**

当父母介绍了家庭会议的理念之后，如果孩子愿意尝试家庭会议，父母就需要进一步说明会议包含的内容，如家务分配、生活用品需求、休闲旅行等安排。同时，可以教导有关民主会议的精神与规则，然后询问孩子的意见与意愿。

**3.准备阶段**

如果孩子有意愿参与家庭会议，父母此时就可以开始有关倾听、回馈、情感交流的练习，以期建立更深厚的合作关系。此时，孩子仍会有许多不了解或不熟悉的事情，父母则需要加以协助，千万不要太快进行正式的家庭会议。

**4.运作阶段**

当孩子具有相当程度的认识，并表示合作的态度时，父母就可以开始家庭会议的运作，而在第一次会议的时候，主要的任务就是采用民主的方式决定会议召开时间、主席和记录员的担任规则、召开会议地点与会议时长等问题。

在创建的过程中，如果父母不能召集成员一起介绍其理念，那么就应采取个别介绍的方式。而家庭会议的运作并不需要等到所有成员都准备好才开始运作。至于开始运作时，有的孩子不参与，并不会影响家庭会议的进行。通常，当缺席的孩子了解到参与会议的好处与权益时，就会参与日后的家庭会议。由此可见，虽然在过程中会遇到一些阻碍与困难，然而通过父母的努力和对事实的澄清，那些困难与阻碍都会渐渐被克服。

## 第二节
## 家庭会议的进行

家庭会议的进行有一定的程序、议事规则，以及领导技巧，父母可以参考下面介绍的基本架构，不必拘泥于形式，依照自家的情况而弹性调整。

### 一、家庭会议的程序

典型的家庭会议程序如下：

（1）情感分享与交流。分享过去一段日子中所发生的有趣或好玩的事情及所带来的愉快、温暖与正面的感受等。父母对孩子正面的感受分享可以采取“我的信息”的沟通方式，并赞赏孩子的合作态度，父母可以如此说“我很赞同你……因为……”。

（2）宣读事项：宣读会议程序、时间，并报告需要大家了解的事宜。

（3）回顾与检讨：（如果是第一次则省略）回顾前次会议讨论和决议的问题，检讨是否确实执行，效果如何。同时，可以讨论上次会议尚未解决的问题（如果有的话）。

（4）新的开始。提出新的提案，加以讨论。通常提案主题如家庭活动、休闲娱乐计划、孩子零用钱、家务的分配或有关家庭生活问题等方面的事项。

（5）总结与评估。主席做摘要性总结，提出本次会议主要决定，并征得全体成员付诸执行的承诺，同时进行本次会议的评估（别忘了，把批评夹在厚厚的赞美之中）。

（6）散会。会议结束后，应告知所有成员需注意的事项，并决定下次开会的时间。当然，也可来一些余兴节目，或品尝水果点心、美食。

## 二、家庭会议的议事规则

家庭会议的重点在于成员意见的沟通，并不在于教导正规的议事规则。因此，如能注意下列几个简单规则，相信就已足够：

（1）发言须经主席同意。

（2）有人发言时，其他人不可以说话。

（3）可请其他成员重述刚才提出的问题，训练倾听的技巧。

（4）会议进行中，只能就讨论的意见和主题来发言，在一个问题尚未讨论完毕或得出结论前，不得更换话题。

（5）会议所做出的决定，对那些未参加者一样有效，但不可趁机对他们做出不利的安排和规定。

（6）家庭会议必须经由全体成员同意，方可召开紧急会议，或取消、延期举行会议。

（7）在无法达成协议时，可以在不强迫少数服从多数的原则上，征得大家同意，采取投票表决的方式达成协议。

（8）会议的过程和结论可以做成记录，依家人的意见分别公布在几个地方，如孩子卧房墙上、厨房、冰箱门上等。

以上规则，可视家庭的需要做弹性安排，并非一成不变。

## 三、家庭会议的领导技巧

以下介绍一些团体领导的技巧，可以促使家庭会议进行得更顺畅且更有效率。若父母率先示范这些技巧的使用，孩子会从会议过程中加以学习，无形中培养了孩子的领导才能。

### 1.结构的技巧

简言之，结构就是确立与维持会议的目标。通常，没有明确目标的团体就像是一盘散沙，家庭会议也是如此。而结构的技巧主要是确立主题，建立讨论、会议程序，限制会议时间等。下面的例子可说明结构技巧的运用：

大华的家庭在会议中针对某一主题的讨论已经花费了大半的会议时间，然而在会议程序里还有好几个问题有待商讨。时间一分一秒地过去，大华忍不住问道："我们还要花费多少时间来讨论这个主题呢？我们是否应该限制一下时间？后面还有一些问题要讨论，时间恐怕会来不及。"于是大家稍加讨论后，一致同意这个主题如果在五分钟内不能获得解决，那么将予以搁置，延至下次会议再讨论。

### 2.类推的技巧

家庭成员不见得都能分辨知悉彼此对问题的感受，而类推的技巧可以协助成员对问题关系做深入的澄清。主席可以说："不知道谁还有这样的感觉呢？"或"针对这个问题似乎你和妈妈有相同的感受，不知道对不对？"这就是一种类推技巧的应用。

### 3.征询的技巧

由于主席需要广征与会者的意见，所以宜使用直接询问的方式："对于这问题谁有什么想法呢？""小珍你有什么感觉？"事实上，会议中间接询问意见的技巧亦是很重要的，如主席说："对于这个问题我很乐意提供我的看法，不过在我说之前，我很希望先听听各位的意见。"由于类似上面的间接发问，可以激发与会成员投入问题讨论，可以确保每个人都有发言的机会，避免会议遭到某个成员的垄断。

**4.集思广益的技巧**

集思广益是一种促使个人想法自由变化的技巧。在安全的气氛中，避免批评与判断的前提下，成员可以随心所欲提出自己的看法，与人分享。虽然其想法与建议可能怪异荒谬，但与会成员在集思广益结束之前都不可以妄加批评与判断。

**5.摘要的技巧**

总结并不是会议结束时才需要，而是随时都可能需要做摘要性的说明，特别在对某个问题长时间的讨论后，主席摘要总结以及与会者的个人摘要说明更具重要性，有助于会议的进行，而有关不同意见的摘要更有助于个人对问题的澄清和思考。

**6.获得承诺的技巧**

家庭成员承诺对家庭会议之执行很重要。每当会议到了尾声时，主席必须询问与会成员是否愿意遵守会议的决议事项，并取得他们的承诺。除了让成员承诺遵守决议事项之外，主席也可请求成员做执行记录，作为下次会议检讨之用。

**7.促进回馈的技巧**

有时候，成员彼此的意见回馈对彼此的沟通很重要，而回馈反应宜采用"我的信息"的沟通方式。主席可以要求与会成员对某人的行为表现与意见，表达出个人的感受，来促进团体回馈。主席可以此为焦点的方式说："似乎我们都认为自己所想的都是对的，但是我怀疑到底我们要如何做，才能真正有助于问题解决。"这样强调问题的方法也可以达到促进成员回馈的效果。

**8.促进直接互动的技巧**

有时候，家庭成员会将会议主席当作传声筒，通过主席的传话达到与人交谈的目的，特别当父母是主席的时候，这样的传声筒现象更为明显。所以主席必须避免扮演传声筒的角色，提醒家庭成员进行彼此直接的交谈，不要借他人之嘴。在会议中，主席可以说："小杰，你愿意告诉莉莉你的感觉吗？"以加强成员直接的互动。

**9.鼓励的技巧**

鼓励是每个人学习沟通的基础。缺乏鼓励的来源，常导致家庭会议的失败。通过自己对他人的优点与贡献的鼓励，可以增进彼此自尊心的建立，提升个人参与会议、表达意见的勇气。因此，父母不应吝于给予孩子适时鼓励与赞赏，随时把握机会，不论个人或全体的方式，给予孩子适时的鼓励，提升他们的参与感。

## 四、有关家庭会议常见问题的解答

每个家庭有其独特的家庭会议进行方式，没有两个家庭是绝对相同的。如果父母对家庭会议有所疑惑，下列问题的探讨可以供父母参考，以解开一些心中的困惑。

**1.配偶不参与怎么办**

如果配偶（通常是孩子的父亲）不愿意合作召开家庭会议，自己是不是仍能创造有效的家庭会议呢？这是常见的问题之一。事实上，家庭会议是集合有兴趣与意愿的家庭成员一起讨论问题，是自由参加的，不具强迫性。如果配偶没有兴趣参与，自己仍然可以聚集有兴趣的家庭成员召开家庭会议，共同讨论参与者之间的问题。我们发现，虽然配偶刚开始不愿意参与，但当有朝一日他发现并了解家庭会议可以令家庭成员产生合作的态度与行为时，他会有兴趣参与。

如果是单亲家庭，不论是因配偶去世或离婚，建议家庭会议的主题应以自己与孩子的问题为范围，避免将另一方的问题混在一起，因为这样的情况有时会影响父母与孩子之间和谐的关系。例如，小华在父母离婚后与父亲同住。每逢星期六晚上吃饭后，母亲都会来接他，结果小华每次都故意将洗碗筷的事拖到母亲要来时。这原本是父子间的协议，如今因母亲的介入，使得协议没法执行。长久下来，父亲对小华渐生不满，这种情绪甚至影响到父子间原本和谐的关系。诸如此类掺杂其他因素的问题，亲子最好另外找时间沟通。

相同的道理，在大家庭的生活环境中，不见得人人愿意参加家庭会议，所以要严格限制讨论主题的范围，那些牵涉不愿意出席者，如祖父母或其他亲属等的问题，最好能另行选择时间与当事人直接沟通。

**2.孩子年纪太小怎么办**

只要孩子具有沟通能力，都可以参与家庭会议，不见得要以青少年为限。一般而言，孩子达到入学的年龄，在有父母适时协助下都可以顺利参与会议。事实上，幼小的孩子并不太愿意参加家庭会议。在家庭会议进行时，他们坐不住，常感到疲倦，同时希望能中途退席。但是只要孩子有沟通能力，并不需要去想会议能否顺利进行，反而应鼓励幼小孩子多参加。

**3.所有的“家庭决定”都需要开会吗**

关于这类问题完全视个别家庭情况而定，例如父母换新工作、买新车、搬新家等问题，不见得都要家庭所有成员开会讨论，若是因此有孩子提出抗议，父母并不需要生气，只需简单地说：“这是我的个人决定。”或“这是我和妈妈的决定。”整体而言，关于个人的问题，在不影响他人自由的情况下，可以自己做抉择。如果愿意的话，当然可以提到家庭会议中寻求帮助。

然而，有关整个家庭生活的决定事项，例如家务分配、休闲度假、餐点设计、零用钱等大部分的决定都需要经家庭会议讨论，否则不会获得孩子的合作。

**4.无法达成协议时该怎么办**

在无法达成协议时，父母可以采取两种方法加以解决：一是父母斟酌各方意见提出暂时的解决方案，征得与会者同意，达成暂时性决议，而后在下次会议中进行评估与再讨论或修正；二是在不强迫少数服从多数的原则上，征得与会者同意，采取投票表决方式获得结果。虽然成立暂时性结果或投票决议，常会造成胜利者与失败者的情况，并不是最好的解决之道。然而，必要的时候，征得大家同意仍可勉强为之，但是父母须提醒自己要尽量避免使用这种解决方式，多用沟通和说服，以免让孩子失去合作的意愿。

**5.有人违反决议时该怎么办**

通常当家庭会议达成某个决议时，随之而来的就是讨论违反决议时个人应负的责任，或规定应得之后果的最好时机。借着规定的约束，可以避免成员破坏协议，也可作为处理违反者的依据。当然，父母也可以采取自然与合理行为结果的策略来处理违反协议的状况。虽然违反协议的处理与后果可能造成家庭生活一时的不方便，但是却可以帮助孩子学习负责任的态度，也避免日后长久的唠叨与争辩。

## 第三节
## 创造有效的家庭会议

当父母对家庭会议的功能和进行方式有清楚的了解之后，父母可开始在家里进行家庭会议。如何创造一个有效的家庭会议，下面有一些重要原则提供父母参考：

### 一、会议召开要定时

父母有意将家庭会议纳入家庭生活中的一部分，最重要的就是确立召开会议的固定时间。通常定在大家都方便的时间，以每一两个星期一次，如周末的晚餐后。地点可选择家中任何适当地方，如客厅、饭厅或书房等，只要大家认为最舒适的地方都可以召开家庭会议。

许多父母常疑惑地说："我们每天工作都忙得要死，孩子放学回家后又有一大堆功课等着完成，哪有时间一有事情就聚在一起开会？"其实，家庭会议的时间是经过大家同意的时间召开的，而且每次会议不需花费太长时间。父母只要有心去做，时间的问题是可以克服的。

如果有成员有事而缺席，家庭会议仍可照常进行，但是会议中有关的决定与计划，未出席的成员必须遵守。而如果家里有紧急的事情要讨论，只要有任何成员提出开会要求，都可以召开一个简短的家庭会议。

## 二、主席与记录员要确定

家庭会议的进行需要有主席和记录员，而父母或孩子都有担任主席或记录员的机会。为了让每一个家庭成员都了解会议的程序和规则，前几次家庭会议召开时，最好由父母先做示范，一人担任主席，一人担任记录员。之后，家庭成员可以决定轮流的方法，如依照年龄大小、排行顺序，或采取投票的方式选择主席、记录员。主席的职责有：掌控会议时间、维持会议秩序、促进成员交流、归纳会议重点等。而记录员只需做会议摘要，如提案、讨论重点、结论等，也可用录音方式，事后整理会议摘要。

有些父母担心孩子太小，无法胜任主席或记录员的工作。其实，只要就读小学的孩子都有能力担任主席或记录员。如果会议进行中发生一些状况，对他们也是一种学习。此时，父母只要适时地给予一点协助，他们都能扮演好主席或记录员的角色。

## 三、会议时长要控制

家庭会议需要多久？时间的限制是很重要的。没有会议时间的限制，花费太多的时间会减低孩子参与家庭会议的兴趣，通常规定会议时间可由家庭成员一起决定，一般以一小时最合宜。如果有幼小的孩子，则要缩短为二三十分钟，这样比较适当。

会议主席有责任掌控会议的时间，准时开始与结束。时间控制除了可避免孩子参与会议的兴趣降低，还能让孩子从中了解守时与时间的宝贵。

## 四、意见表达要自由

家庭会议初期，为了鼓励孩子表达意见，父母尽可能让孩子先发言，如果需要的话，父母可加以补充或说明。如果父母总是率先发言，提出自己的想法或意见，孩子会觉得家庭会议只是父母在利用机会来宣传或推销他们的想法，而不是征求大家的想法或意见。因此，父母在最初几次家庭会议时，要多引导孩子发言，如说："这个问题，美芬有什么想法？""小刚，我们都没有听到你表示意见，你有什么建议吗？"

等开过几次家庭会议，全家人都熟悉了民主的议事规则之后，父母的一些想法或建议就可以先提出来讨论。总之，父母要提供孩子充分表达意见或建议的机会，同时要注意避免自己或其他成员控制会议的进行。

## 五、讨论事项先公布

如果家中每一个成员都对家庭会议具有高度的兴趣，他们会热衷投入其中。有时候，为了便于会议顺利进行，可准备一张会议讨论单，放在全家人都可以看到的地方，家庭成员有任何想讨论的事务或提案，可以写在这个讨论单上。会议进行时，主席应依照提案单上所列的事务或提案，按照成员所写的顺序逐一进行讨论。当然，主席也可以征求与会者意见，将讨论单上所写的事务或提案，根据其紧要性或重要性来重新排序。而在会议时间内不能完成讨论的事项，则移至下次会议优先讨论。

## 六、避免成为吐槽大会

通常，在会议过程中，如果有与会者不断抱怨或发牢骚，可能导致家庭会议的失败。如果抱怨与发牢骚阻碍了会议的正常进行，父母需要采取一致且坚定的态度，不论是谁在发牢骚，父母都可有如此的反应："我知道你对（某事情）的感觉，你觉得……那么你可否有解决之道或建议呢？"父母也可以利用团体压力，寻求其他成员提出解决发牢骚问题的方法。总之，当会议出现一些争议时，与会的每一个成员都要聚焦解决问题，而不是抱怨或发牢骚，导致家庭会议变质。

## 七、公平分配家务

孩子忘记或拒绝去做家务时，通常就意味着父母得负担家庭所有事务，这对父母而言并不公平，毕竟家庭不仅是父母所拥有，所有成员都是家庭的一分子。关于家务工作的问题，父母要记得在家庭会议中请与会者一起讨论，以求公平地分配家务，并建立家务轮替的原则。所以，父母可以针对家务分配问题的解决而发问："关于如何公平地分配家务这个问题，各位有什么意见呢？"

有些家庭将所有家务工作记录在一张白纸上，然后在家庭会议上提出讨论，从而使家庭成员了解自己应尽的责任。为了激发孩子能自动自发地从事家务工作，父母在执行家务初期，应表现合作的态度，自愿担任最不愉快的家务，如倒垃圾、清理洗手间等，但是重要的是，家务需要轮换，不能由一个成员自始至终都担任同样的工作。

## 八、休闲活动安排

在每次家庭会议时，要记得计划安排全家的休闲娱乐活动，如野餐度假、逛街、看电影等，借机共同讨论大家想从事的活动和时间。如果活动中含有一些家务，如采购所需用品等，也应讨论各人所应担任的工作。当有孩子因有自己的活动安排而不愿参加家庭休闲活动时，必须尊重他的决定，但是仍不要忘记热切地邀请他参加。

## 九、沟通技巧要善用

善用反映式倾听的技巧可以表露对他人的尊重，了解他人的感受及澄清争论，它要求多使用开放式问句，以鼓励成员表达其感觉与意见。而头脑风暴法与寻求解决办法可以促进成员的思考。父母除了倾听之余，可以试着如此发问："关于这个问题我们该怎么处理"或是"谁有什么想法呢”，同时，父母要多采用“我的信息”来表达自己的感受。换言之，必须对真实问题加以沟通以寻求共识，让所有成员了解寻求共同努力的方向才能有助于问题的解决。

家庭会议不仅使家庭成员彼此情感交流和意见沟通，而且使每个成员都能从其他家人的回馈中，体会到相互的关心和支持，使得每个成员都拥有身为家庭一分子的归属感。

在家庭会议时最重要的目标就是大家达成共同一致的决定，而不是达成主要成员（如父母）的期望或赞同。会议过程中，也许会有短时间内无法解决的问题，父母如能运用头脑风暴法或将问题再次呈现的方式，则可以提供家庭成员再次思考的机会。在家庭会议中，尽量避免使用表决投票，因为表决投票会造成成员中有胜利者与失败者的区别，会破坏合作的气氛。万一问题需要立即行动解决，父母可以衡量会议中所有的意见，斟酌一切可行的方法而达成暂时性的裁定，若与会者无其他意见时，则先行按照这个裁定采取行动。而后在下一次会议中，成员可以再针对此问题的裁定进行一次讨论，以求获得圆满解决之道。然而，父母在采取暂时性裁定时，要避免冲动的情绪反应，应针对问题与情境的需要加以配合，否则其裁定极可能引起其他成员的反对。

当父母对家庭会议有较清楚的了解之后，鼓励父母开始在家中定期召开家庭会议。事实上，一个采取民主教育的家庭，要能真正发挥民主的效能，召开家庭会议是不可或缺的家庭要事。对青少年子女而言，家庭会议更具有特殊的重要意义，由于青少年在青春期追求个人独立的认同，很希望自己能为自己做决定及参与家务决定，以示“我长大了”。而家庭会议正能满足青少年的需求——追求独立自主，在民主的原则下，青少年孩子可以参与家庭问题解决与生活计划的决定，这种贡献一己之力的参与感使他们更乐于执行家庭会议的决定。有时候，当青少年需要协助时，也可从家庭会议中获得他人的协助。

当然，家庭会议绝不是解决一切问题或冲突的万灵丹，它只是用来提供家人彼此开放、坦诚沟通的机会，它的建立促使父母与子女学习相互尊重。它不仅提供全家庭成员参与家庭问题解决的机会，而且还让家庭成员尽情表达个人感受、沟通彼此意见、提升彼此情感的交流与合作、计划未来，使每个成员都能从他人的反应与回馈中，体会到相互关心扶持，分享彼此的喜悦，分担家庭责任，使得每个人都有成为家庭一分子的归属感。

## 现代父亲的教育角色

正如一句话：推动摇篮的手是两双手。在孩子的成长中，父亲和母亲对孩子的意义同等重要。一般来说，母亲与孩子相处的时间和机会较多，而父亲则较少。听到有些母亲埋怨丈夫成天在外，不关心家庭、孩子，甚至指责他们自私自利。然而，当母亲轻易指责父亲的同时，也许应该心平气和地想想，其实有些父亲并不是放弃自己的责任，他们也想尽自己的那份责任，只是这种想法不太为别人所了解，或者没有机会去实践。

有两点理由可以说明父亲们为什么不积极承担教育孩子的责任：

（1）我们的社会中仍存有一些不合理的性别角色期望，许多人仍相信孩子是“属于”母亲的。即使没有任何研究证据显示母亲在教育孩子上比父亲适合，而母亲仍被假定为真正的亲子教育者。虽然，多年来女性的角色和能力在职业领域和其他方面受到肯定，但相对的，男性的角色和能力却未在教育孩子上得到肯定。现在，大多数父亲仍局限在家庭经济来源的主要供应者上，也许该鼓励在职业领域中的性别平等也普及到家庭中来。当然，许多母亲希望父亲能帮忙从事换尿布、喂奶、准备盒饭、接送孩子等家务，甚至有时在孩子犯错后，往父亲那一送，让父亲来承担“黑脸”的管教责任。我还发现有些母亲甚至不是那么真心地希望孩子在情感上接近他的父亲，如同接近自己一样。如果真是如上所说，那怎能满足父亲的心理需求呢?

（2）有些工作需要男性在下班后加班、应酬交际或出差，而对于女性则较为体谅，要求较少。这无形中成为父亲与孩子相处的时间减少的主因。再加上孩子幼年成长的阶段，正值父亲壮年创业的时期，他们为生计、事业发展奔波，自然得付出代价，而这代价之一便是与孩子渐渐有了距离。如果母亲又常在孩子面前威吓孩子：“你再不乖的话，等爸爸回来修理你！”这样又怎能不叫孩子心存畏惧，跟父亲愈来愈疏远呢？诚然，父亲应在忙碌之余，尽量抽出时间与孩子、家人相处。但是，母亲在营造和谐的家庭气氛和促进良好的父子关系上，更应扮演积极正面的角色，尤其不能破坏父亲在孩子心目中的形象。

有人说，一个成功的男性背后有一个伟大的女性——他的妻子。而美国的一项调查研究发现，一个成功的女人背后有一个伟大的男性——她的父亲。而根据心理学的研究发现，父亲是孩子建立安全感的泉源，而且在父亲的鼓励和支持下，孩子也较能面对和克服未来生活中的压力和挑战。同时，孩子在幼年时代常以父亲作为心目中的崇拜偶像，通过对父亲言行的模仿和认同可以得到社会化学习，通过父亲的教导可以获得进入知识殿堂的钥匙。因此，父亲在现代社会中所扮演的角色已非比往昔，而且更显得举足轻重了。

爱 就 是
读 懂 孩 子

父母都期望孩子有一个美好的未来，尽所有可能为孩子的未来做准备，特别是在孩子的学习方面投入了大量的心思和大笔的金钱。一位父亲说：“这是为孩子未来的投资，再怎么苦都是值得的。”父母这种为孩子未来投资的心态非常普遍，也无可厚非。然而，在孩子的成长中，除了参加一些学科补习和才艺培训外，还有许多不需花费太多金钱却对孩子很重要的知识，也是需要父母付出心力和时间与孩子一起学习成长的功课。

Chapter 10

# 与孩子一起成长

## 第一节
## 人际交往

对于现代人而言，良好的人际关系是为人处世的一项重要资本。父母在孩子人际交往的学习上，不仅扮演着教导者的角色，也有以身作则的示范作用。让我们先从父母在教育孩子时的人际困扰谈起，开始我们的亲子成长之路。

### 一、面对他人的眼光

孩子经常会在亲友或邻居面前，表现出一些不当或不合作的行为，这是父母最为脆弱的时刻。即使父母学了一些新的教育方法，但因有他人在场，往往又回到过去那些无效的教育方法上。当问到他们为何如此，通常得到这样的答复："孩子的奶奶不懂得这个方法嘛！""我的邻居会怎么看我啊？"此时，父母应该先问自己：到底哪点更为重要，是亲友或邻居的感受，还是孩子的教育？相信父母的答案是很清楚的。

六岁的小华，上完才艺班后和邻居家的男孩在教室里打架。当父母来接他时，他哭着跑向父母，并告之自己的遭遇。父亲了解他的行为目的，决定加以忽视，只是说："我知道你很难过。"就没有再说什么了。一旁的另一位父亲问他为何不去看看孩子是否受伤，父亲还没来得及回答，母亲即已凑身过去安慰小华，紧抱着小华说没事了，并对父亲的行为感到不满。

后来，小华的母亲承认如果没有那么多人在场，她也许不会这么做。她之所以会这么做，真正原因是担心在旁观者的眼中失去做母亲的形象。而爸爸则是接受孩子的情绪，并且知道过分干涉只会让孩子出现同样的行为。如果母亲不加以干涉，小华会得到这样一个教训，即打架并不能赢得同情和注意。

有些父母虽不会过度护着孩子，却总希望他们的孩子能得到别人的礼遇。换句话说，他们想告诉别人："我希望你如何对待我的孩子。"这与上面提到的在乎别人看法其实是一样的。当他人对待孩子的方式不为自己所接受时，最好的方式是让别人用他认为适合的方式与孩子相处吧！这样对亲子关系或亲友关系都是好的。孩子并不是无助的，孩子知道该如何与他人相处，而且其所知道的往往胜过成人所教导的。

当然，也有例外。如果朋友或亲戚来访时，他们与孩子相处的方式使自己感到不悦，父母可以要求他们配合。如果他们无法做到这一点，尽量减少孩子与这些人接触的机会，甚至对于可能见到这些人的场合，尽量不带孩子去参加。

父母不可能影响别人如何对待自己的孩子，但是当孩子受到一些不好的影响时，父母总企图采取行动来对抗，希望能尽量减少或消除这些影响，这是徒费心力的。每一个孩子是独立的个体，相信他会主动地去发展出与他人相处的人际关系。

## 二、孩子的人际问题

父母有时会面对着愤怒的邻居，而事实上，真正的问题是属于孩子与邻居的。

邻居告诉赵先生，他的孩子今天下午打破了自家的玻璃，邻居请他看着办。赵先生面临一个为难的状况，如果他承受儿子不当行为的后果，向邻居道歉并赔偿邻居的玻璃，这样也许会平息邻居的怒火，但是将会使孩子丧失一个学习对自己行为负责的机会。如果赵先生在乎的是他在邻居眼中的父亲形象，那他也许就会处罚孩子，赔钱了事；但如果他更看重他与孩子的关系，以及训练孩子负责，他会告诉邻居："我很难过发生这种事，谢谢你告诉我，我们正努力帮助孩子学习对自己的行为负责，这件事会很有帮助的。如果你愿意，你可以用任何你认为适合的方式处理，我相信他会负责的。"

如果邻居愿意合作，那自然很好。然而，邻居可能会生气，他会希望赵先生插手管这件事，那么赵先生就必须表示负责："好吧！如果你告诉我装玻璃的价钱，我会赔你的。"而后他必须与孩子商量赔钱的方式，也许是赵先生先付给邻居，然后再从孩子的零用钱中以分期付款的方式偿还。这样不但不会使邻居反感，同时也能让孩子学到应该为自己的行为负责。

## 三、孩子不受欢迎的朋友

父母也常担心邻居的孩子来访，因为他们得面对一些突然发生在自己家中的不当行为。举例来说：

陈太太的儿子东东，七岁，已经和小毛建立了很好的友谊。小毛是个被宠坏的孩子，他觉得他可以做任何他想做的事。当周六小毛来过之后，陈太太发现她的钢笔不见了，她问东东，他们有没有进她的房间。东东说："刚才我叫小毛去你房间拿胶水。"遍寻无获的情形下，陈太太决定问问小毛。

周日，小毛又来了，陈太太问他有没有看到她的钢笔，小毛连说没有，但脸却涨红了。陈太太了然，后来对东东说："东东，在我的钢笔没找到之前，我不想再请小朋友来玩。"

星期一东东放学后，带回了妈妈的笔，并且说："小毛说他突然想到要写一些东西，写完不小心就放进口袋了。"以后，陈太太仍然欢迎小毛来玩。

陈太太把这个棘手的问题处理得非常好，她当然有权利保护自己的财产，但是，她也给孩子一个不伤自尊又能改变自我的机会。

父母常怕自己的孩子受到朋友坏的影响，于是他们就会在孩子选择朋友的问题上开启战端。然而，父母的过度关切或尝试阻止孩子与某一个孩子做朋友，通常会得到反效果，迫使孩子更想要和他在一起。再者，这样做等于拒绝给予孩子独立学习与人交往的经验，而孩子必须要学习和各式各样的人相处。在良好的亲子关系基础上，父母可以先倾听孩子对交友的想法和感受，如孩子朋友在孩子心中的地位、孩子对某个朋友的观感、如何知道谁是真心的朋友等，这样父母才能真正了解孩子的交友情形。之后，在不批评孩子朋友的原则下，提出自己的一些看法，如此才能让孩子比较愿意接受父母的一些建议。

### 四、孩子交友有困难

当孩子在交朋友或与朋辈相处上有困难时，父母很自然地加以关心。然而，父母往往没有真正地了解，孩子必须自己学习如何与他人相处。父母在孩子的朋辈关系上插手，通常只会使情况更糟，因为，最糟的情形是怜悯在人际关系上有困难的孩子。事实上，同情反而会使孩子觉得自己没有能力处理这个情况，他会轻易地说服自己，对于这个问题，他一点办法都没有。父母必须了解这一点，与朋辈关系有问题的孩子，就像所有的孩子一样，需要鼓励，而不是同情。

当父母觉得孩子好可怜，就会倾向于过度保护他，从而剥夺了他发展社会技能的经验，这样的结果只会使孩子更加畏怯退缩。

父母都知道，孩子该学习如何自己解决与他人的冲突。假如孩子年龄和其他孩子相仿，大多数父母会同意这个观点；但如果年龄悬殊时，则可能担心自己的孩子会受欺负。事实上，较小孩子的“居于劣势”正是一项有力的武器，因为他的劣势地位可以获得更多注意与同情，而一旦父母也加入了孩子的战争，那么较小的孩子就渐渐地学会一件事：“我有权做任何我想做的事，只要我让自己惹上麻烦，别人就会保护我。”如果父母不干涉，较小的孩子很快就会知道，拿这个当武器是没有用的。

## 如何教育攻击性强的孩子

就如同孩子的其他行为一样，“攻击”是他们沮丧的一种表现。心理学研究指出，孩子产生攻击性行为的主要原因来自于家庭，如缺少规范、父母管教不一、竞争的家庭气氛、严厉的责罚等。

面对这类孩子，父母通常会深感烦恼，但是这也并非无可救药。以下提出几点建议，帮助父母面对攻击性强的孩子：

（1）明确生活作息。比如说，制订少数几个包含重要活动的时刻表，如早上7点早餐、下午6点晚餐、8点洗澡、9点睡觉等。

（2）停止自己的攻击行为。父母应尽量减少对孩子的指责或责罚，使家庭生活充满和谐愉快。如果有空，父母不妨多带孩子去郊游，看场电影或上馆子打牙祭。

（3）多安排一些亲子沟通的时间，每天只需十到二十分钟，即可避免很多问题的产生。

（4）严肃但不愤怒地告诉孩子，你不喜欢他的攻击行为。坚定、温和地告诉他，如果他有攻击行为，你会暂时离开他，直到他情绪稳定为止。切记，务必说到做到！

（5）如果孩子行为表现良好，应立即给予积极、爱的鼓励，以增强他的自信心。

此外，父母还必须停止处罚孩子，因为处罚反而会让孩子出现更多的攻击行为。同时，为自己打气吧！因为任何一种教育方式，都是需要花费一段时间与耐心的。

## 第二节
## 祖孙关系

一个四岁的小男孩依偎在祖母的怀里，正聚精会神地听着祖母讲故事。突然，小男孩问道："奶奶，为什么你手上和脸上有好多一条条的线？我为什么没有？"祖母开始对孙儿解说这是人老了以后产生的皱纹。小男孩怜惜地说道："奶奶不要难过，我来亲亲这些皱纹。"

### 一、来自祖父母的爱

"我的爷爷奶奶对我非常的、非常的重要。我爱他们！我喜欢和他们上街，因为他们有时间。爸妈说他们太宠我。我希望将来能成为像奶奶一样的奶奶，但是我会让狗留在屋子里。"一位小学二年级的小女孩在作文本上写下了这么一段可爱的心声。

在过去三十年来，社会学家、心理学家、老年学家、儿童发展专家的研究，都证实了一项发现：对孩子而言，祖父母在各方面都表现出令人惊奇的重要影响力。美国儿童与家庭心理专家柯哈伯博士的研究显示，祖孙关系的情感力量和影响仅次于亲子关系，这种影响不论好坏，确确实实地存在着。

大多数孩子的祖父母（外公外婆）如同孩子的父母一样，爱自己的孙子女是没有条件的。心理学家深信，在目前重视成就的压力下，孩子更需要来自祖父母没有条件的爱。比如说，祖父母不管他们的分数好坏，而且祖父母通常有较多的时间和耐心去倾听他们的心声，这常是父母做不到的。

## 二、祖父母是家族历史的桥梁

通常，孩子到六七岁时，最喜欢听的故事是家族的历史。到了青少年阶段，他们会再想听此类的故事，这可以帮助他们对家庭产生认同，对家族的伦理关系做进一步的肯定。

有时祖父母会告诉孩子有关于自己年轻时的故事，而孩子最喜欢听自己父母小时候顽皮捣蛋或犯错挨揍的情节，因为当知道自己爸爸四岁也会尿床，和现在的自己没什么两样时，他会大感兴奋。许多父母不希望老人家述说自己过去的糗事。其实这没有什么坏处，反而会让孩子认识到父母曾经也是孩子，从而增进孩子对父母的了解（包括父母的光荣事迹）。此外，父母也可利用机会教导孩子成长的道理。

祖父母也是历史的桥梁，特别是孩子对过去历史有些不了解或误解时，祖父母的见闻可比任何历史课本更为生动有趣，更具教育意义。

## 三、祖父母对孩子成长的积极影响

美国俄亥俄大学的卡哈纳教授曾经访问过八十五位有祖父母的孩子，他们发现大多数四到五岁的孩子还是以自我为中心，他们喜欢祖父母的宠爱，包括礼物和特别待遇；八到九岁的孩子喜欢祖父母与他们一起游戏，或带他们去外面玩；十一到十二岁的孩子又恢复到希望祖父母宠爱他们的状态；而青少年阶段的孩子与祖父母较有距离，因为他们自己外面的活动很多。但是有些青少年喜欢祖父母相信并支持他们，特别是当他们与父母之间有冲突时。

与祖父母的互动关系常帮助孩子建立对老年的观念。对未来生命的预期，本来对一个人的成长就很重要，而且有一天当人们年老时，早期的经验更能帮助他们适应得较好。美国马里兰大学的珍士和希飞德教授的研究发现：大多数孩子对老年人和老年有负面的刻板印象，并不喜欢自己变老。但是，在他们早先的研究中却发现，那些有祖父母的孩子，对老年人和老年的偏见较少。

## 四、祖父母要有自己的生活

到目前为止，听起来祖父母对孩子来说有很大的助益，但是祖父母本身的想法是什么呢？也许祖父母希望、也喜欢和孙子女相处，但是他们在时间和精力上可能有困难。一方面，是有些人成为祖父母的年龄可能较年轻，只有四五十岁，因此可能还没有退休，仍有工作和其他事要做；另一方面，目前社会十分重视老年人学习或参与的机会，也鼓励他们保持相当程度的社会活动和运动，因而在寻求自己事业的第二春之际，对孙子女的照顾也相对地减少了。当然，有些祖父母很愿意做“代理父母”，花时间照顾孙子女。但是，即使他们心甘情愿，也未必愿意完全地奉献所有时间和精力，而且学者专家也建议，家人仍应给予祖父母一些闲暇独处或社会活动的时间和空间。

一位朋友说：“我爸妈告诉我，他们不愿意为我们带孩子，甚至说等孩子会叫爷爷奶奶再带，而且仅限于周末假日。”这种例子当然不多，而且他的父母也许只是说笑而已，但是从中我们可以体会的是，为自己父母的身心健康着想，可别让孩子把他们累坏了。同时为了孩子，父母也不会希望自己的父母因长期照顾孩子而产生情绪问题，并影响三代的感情吧！

## 五、避免三代间冲突

有时，祖父母的一些想法和做法，父母不一定能认同，特别是教育孩子方面。在许多演讲场合中，一些父母会问到一个问题：“我和孩子制订一些规范，都被祖父母破坏了！”或者是：“他们太宠孩子了，孩子会被惯坏的！”其实，父母都太过忧虑了，孩子很清楚地知道和祖父母关系是不同于和父母的关系的。

王家夫妇正在训练孩子的餐桌礼仪，但孩子的爷爷则反对这种训练方式。每当爷爷来家里吃饭时，便与孩子“联合作战”，致使训练的成效化为乌有。王家夫妇觉得孩子的爷爷每周两三次的来访，已成了他们的“头痛时间”，于是他们决定拜访爷爷。经过真诚的表达和请求，爷爷同意与他们合作。

王家夫妇非常有效地处理了这个问题，因为爷爷频繁造访，已使他们训练孩子的努力遭到破坏，他们有权决定是否愿意让这种情形继续下去。当然，当他们告诉孩子的爷爷时，爷爷会有点难过，甚至难堪，但是，无论如何对于他们与孩子爷爷的长期关系而言，这样做是对的。

当然，三代之间相处就如同任何人际关系一样，仍会有一些摩擦或不快的事情，例如祖父母嫌孙子女弄乱房间、孙子女嫌祖父母管得太多等。此刻，给父母最好的建议是：大多数情况由祖孙自己去处理，因为这对孩子是一种学习，而且有时父母插手其中，情况反而更糟。对于祖孙间的分歧，父母有时可以私下个别疏导，最好不要当场站在某一方，而反对另一方。面对祖孙的不快时，父母首先要思考的问题是，这情况对我而言有多重要？它是否会对孩子产生不好的影响？自己的反应是不是看不惯自己父母对孩子的行为？自己出面干涉有帮助吗？

如何减少三代之间的冲突，增进家人亲情，有赖于父母的智慧和耐心，因为孩子从祖孙关系学习到的东西，会影响到他未来的成长和幸福，这是任何代价都换不来的。

为此，下面提供一些给父母的建议，帮助父母减少三代冲突，并增进祖孙良好的关系：

（1）建立三代开放和坦诚的沟通关系。向祖父母表达自己的需要和关心，委婉地说出在孩子教育上，什么是自己喜欢或不喜欢的事。

（2）分清楚什么问题对自己是重要的，什么是自己可以忽视的。

（3）不要企图让祖父母做他们不想做的事情，找出他们身为祖父母想做的事。不要让祖父母照顾孩子的负荷太重，除非他们愿意，不要勉强他们当保姆。鼓励他们有机会与孩子分享快乐时光。

（4）假如与祖父母分住，知道祖父母有特殊的习惯或家庭规范，在拜访他们前先告诉孩子，也可以给祖父母家中提供一些孩子喜欢的玩具和故事书。

（5）事前给祖父母建议一些孩子需要的东西，以供他们在孩子生日或特别庆祝日子时做送礼物的参考。

（6）以积极的态度创造祖孙三代相处的机会。

（7）如果与祖父母住得较远，定期拜访和打电话给他们，鼓励祖孙之间经常互相联系。

## 与祖辈在教育孩子上的冲突

目前家庭的一些冲突来自父母与上一代对于教育孩子的观点不同，这问题本来就是时代发展所造成的价值观差异。许多父母会抱怨自己的父母干涉他们管教孩子，但是父母如果强迫孩子的祖父母接受自己的教育观念和方式，则会破坏两代甚至三代的关系。父母没有权利要求祖父母怎么教育自己的孩子，即使做了如此要求也会弄巧成拙。父母应该从祖父母的立场接纳他们：“您可能是对的，我尊重您的观点。”父母要从可能的冲突中抽身而出，不必与祖父母争辩教育孩子的观念或方法。

如果父母因担心孩子的祖父母宠坏了孩子而困扰，则表示自己对教育孩子没有信心。因为父母越觉得无法影响自己的孩子，他们就越在乎别人会怎么影响自己的孩子。换言之，如果父母能够肯定自己教育孩子的能力，就不会那么关心别人怎么做了。别忘了，祖父母有权利宠爱孙子女，却没有责任教育孙子女，主要的教育责任仍在父母身上。

如果父母企图改变上一代的教育态度，非但对孩子的教育没有帮助，反而只会造成三代之间的矛盾或冲突。父母能与上一代在教育孩子的看法上一致当然最好，意见不合也不必强迫对方接受自己的意见，毕竟孩子和祖父母的关系是无须父母过问或干预的，父母只需帮助孩子在与祖父母相处中表现适当的行为反应。

在生活中，孩子会用不同的方式和父母、亲戚、邻居、朋友、老师等建立关系。令父母讶异的是，孩子在接受长辈不同的教育方式时并不会混淆，因为他们对自己如何处理不同的关系，以及如何得到最大的好处了如指掌。比如说，孩子知道可以向祖父母撒娇，要求买这个、买那个，但孩子也知道在爸妈面前可得有分寸，甚至学会看脸色行事，不能随便要求买东西。当然，如果祖父母过度溺爱孩子，让孩子觉得有权得到任何他想要的东西，父母要及时教导孩子正确的价值观，让孩子领悟人与人相处之道，即能防止祖父母给孩子留下对于权利的错误印象。

当孩子受到一些不好的影响时，父母总企图采取行动来对抗，希望能尽量减少或消除这些影响，这是徒费心力的。其实，孩子既不需要父母过度去保护，也不需要为他刻意做什么安排。父母要留意的是孩子对这些影响的反应，这比他遭受什么样的影响更重要。

父母放宽心，大多数孩子会主动地发展出合宜的人际关系。让他们在生活中学习要面对、也必须面对的人事物吧。

## 第三节
## 学校生活

许多家长都认为督促孩子努力学习，以便其将来出人头地是自己的责任，这实在是一个太伟大的志向了。父母仔细反省一下，这个责任到底是谁赋予他们的？当孩子的学习不错时，大多数家长会为此感到骄傲；反之，则感到羞愧。家长的成就感似乎来自于孩子在学校的表现，其实父母该慢慢把这份责任卸下来。当父母了解到孩子在学校表现的种种并不完全属于自己的责任时，也许心里的压力会减轻些。读书本来就是孩子自己的事，不是父母的事。如果能给孩子适度的自由和责任感，将会有助于他们成长。倘若父母老是放不下心，那么孩子会永远搞不清他到底是为谁读书。

### 一、帮助孩子乐学

有些父母用各种方式来干预孩子在学校的学习，以为这样对孩子有帮助，甚至误以为如果现在不逼紧一点，将来孩子考不上大学，找不到好工作。于是，他们整日盯着孩子，做完功课没有，习题做对没有，看他们的考试成绩好坏等。在升学的压力之下，父母关心孩子的功课无可厚非，但是这样的教导方式会有效吗？令人怀疑。有些父母的做法甚至可能矫枉过正，不但无法使孩子对自己的事负责，还容易使他们失去信心、产生抗拒或依赖心理。父母不可能陪孩子读一辈子的书，何况知识的获得是在孩子身上，不在父母身上。

父母要如何鼓励孩子愿意学习，而且乐于学习呢？有些父母总是告诉孩子念好书是为了自己将来生活得成功和幸福，或是拿他和别人的孩子比较，或是列举过去自己受教育的经验等，像这种说教方法是没有用的。下面提供父母几点帮助孩子乐学的方法：

（1）经常告诉孩子一些有趣的知识，如有关政治、历史典故、艺术、音乐等方面的知识。寻找报纸杂志、广播电视中热门的新闻，和孩子讨论。假如孩子有自己的想法，鼓励他发表意见，并且倾听他的意见。

（2）让自己也有进修的机会，如报名参加一些机构的研习课程，参加有关亲子教育、历史或哲学方面的演讲座谈。空暇时看看新出版的图书期刊等，然后把自己的见闻告诉孩子，并和他讨论。

（3）和孩子一起翻阅杂志，如地理、科学性的文章，并且将图文分门别类地收集在一册一册的剪贴簿里；也可以摆挂一些不错的书画或艺术品；经常放一些光盘或录音带，和他一起享受音乐之美。

（4）邀请一些不同行业的亲友来家中闲聊，事先请求他们谈谈他们的工作经验和所学，不要光是说电视节目之类的话题。记得购买一些百科全书、年鉴、辞典等以备参考。

（5）地球仪、地图可以探索地理人文，天文望远镜可以观察夜晚星象，显微镜可以探察水中生态、植物，这些都可刺激孩子对大自然的兴趣。此外，一些教育性的玩具、科学性的器材对孩子快乐学习也会有所帮助。

（6）游戏常是启发孩子智能的最佳方法，有的儿童图画书的设计构想就是让父母和孩子在游戏中获得知识。周末假日带孩子去参观画展、博物馆，听听音乐，看看戏剧，也都是引导孩子进入知识宝殿的钥匙。

总之，假如父母希望孩子对学习有兴趣，最好的方式是引导他，而不是吩咐他或强迫他。强迫的方式只能使他更不喜欢读书，而引导他在书中得到乐趣才是帮助孩子快乐学习的上策。

此外，对于孩子在学校的学习，还有一些提醒父母注意的原则：

（1）可能的话，由孩子自己处理学校功课的事，让他明白读书是为了他自己，而非为父母。

（2）可能的话，让学校和老师来处理孩子的学校学习。除非需要父母协助的特殊情况，否则父母的干预可能带来害处。

（3）不要替孩子做功课，即使孩子或他的老师这样要求父母。婉转地拒绝替孩子完成老师交代的作业或任务，尽量少去检查孩子的作业，或要求孩子在规定的时间做完功课等，因为父母得引导孩子对自己的事负责，如功课没做完，等到学校时，得面对老师责罚的自然行为结果。不过，如果孩子请求听他背书、背九九乘法表，或者看他参观博物馆、旅游的作文等，父母可以给予关心和协助。

（4）鼓励孩子多用参考工具，如字典、辞典、百科全书、网络资源等，来解决学习上的问题，而不是以询问别人作为解决问题的快捷途径。例如，当孩子问“悟”字怎么写，父母可以告诉他查字典的“忄”字部首即可，不要直接将字写出来。

（5）对孩子的学校功课活动表达兴趣，经常询问他学了些什么，并且给他机会表现自己，如演算数学题，背一首唐诗，解释一个成语等。

（6）积极参与学校的一些家长活动，如家长会、家庭教育讲座、学习成果展会、运动会等，表达对孩子学校生活的关心和支持。

## 二、不爱学习的行为

自从玉洁上小学以来，施女士就经常陪女儿做功课。如果她不在旁监视着，玉洁就不会乖乖地写作业。在一次家庭教育讲座中，施女士听到一个新观念：父母不要把孩子学习的事揽在自己身上，让孩子对自己的学习负责任。起初，施女士对这个观点还抱持着怀疑态度，直到老师问父母："你们是不是等到孩子上了大学，还要每天陪她做功课？"这时施女士才有了觉悟，告诉自己：是开始培养孩子负责任的时候了。一天晚餐后，她告诉玉洁："孩子，长久以来我一直担忧你的学习。现在我决定了，学习是你自己的事，以后我不再陪你做功课了。"

施女士在培养女儿责任感的方法上已经跨出了一大步。从以往玉洁和妈妈的互动中，玉洁一直表现出一种可以获得母亲注意的行为：我不会乖乖做功课，除非你陪着我。换言之，父母越是担忧孩子的学习，越可能让孩子有一种反抗学习的心理。而当爸妈放下忧虑，由孩子自主学习，一些学习问题可能解决。

父母必须记住一件事，如果认为上面的这种方法可行，那么态度一定要坚定。有些孩子在刚开始时，会试探父母是否真会做到他们所说的那样。一旦父母发现孩子不乖乖做功课而生气时，父母又输了，因为这正是孩子所期望的。

某天傍晚，应生的社会课本扔在客厅沙发上，爸爸装作没看见。晚饭后，当爸爸坐在沙发上看报纸时，应生跑过来说："爸爸，我明天要考社会。"爸爸没有作声，应生又说："可是我还没有准备。"爸爸还是没有反应。应生再接着说："你怎么都不说话，你是不是不关心我了？"爸爸这时才回应："似乎你希望我逼你去温习。我当然希望你考得很好，但是要不要学习是你自己的事情，你自己决定。”应生听完爸爸的话，安静地拿起课本走回书房去。

在这个例子中，爸爸识破了应生的行为目的，并心平气和地告诉应生自己负起学习的责任，而不是用以往斥责的口吻，如：“再不温习，你会考不及格”“考不好会被老师处罚”等。由此可见，父母的坚定态度是多么重要。

### 三、不守规矩的行为

除了做功课和准备考试之外，孩子还要学习处理学校生活中的各种问题，如与老师或同学相处、守规矩等。

一天十岁的立杰放学回家，妈妈满面怒容地说：“今天你的老师打电话来告诉我，说你每次上课都坐立不安，不断地骚扰别人。”立杰马上辩驳：“才不是这样呢！我……”妈妈立刻打断他的话：“我不管你心里想些什么，你最好上课给我乖乖地坐在椅子上。我不想再接到你老师的电话，现在回房去，好好地反省一下！”

听到老师抱怨孩子在学校不守规矩后，有这种火爆的反应是一个很正常的现象。许多父母认为他们必须负起孩子在学校不守规矩的责任，并会借着责备或处罚来纠正孩子的犯错行为。很明显，妈妈将这个问题弄得更复杂。妈妈认为立杰在学校的犯错行为反映了自己的家庭教育问题，就不难了解她为什么会这么做了。如果她认清孩子在学校的行为是属于孩子和老师之间的问题，这种火爆的反应就可能不会发生了。那么在电话里，她要如何应对老师的告状呢？这通电话的内容可以是这样的：

吴老师：喂！请问是赵太太吗？我是立杰的老师，我想和你谈谈立杰在学校的情形。他上课总是坐不住，跑来跑去，而且不断地和同学讲话。

赵太太：真是太难为老师了。

吴老师：对呀！今天他放学回家后，是不是请你多加管教？

赵太太：好的，我会和他谈谈。可是，如果我责骂了他，担心他以后上你的课会更加捣蛋。因此，我想还是由你来处理比较好。

吴老师：可是我真的不晓得该怎么做。

赵太太：我相信老师一定有好法子的，就请老师用你的方法来处理吧。

赵太太理解老师的感受，但是她并没有对老师提出的要求做任何承诺。相反，她让老师全权来处理这件事。

孩子在学校的表现的确属于他和老师之间的事，父母何必为此破坏了亲子的感情呢？何况孩子在学校可能已被老师责罚了，回到家再受父母的责罚，“一罪两罚”似乎不太合理吧。当然，如果父母真的忍不住想插手管这档子事，心平气和地倾听他对这件事的看法，并与他讨论解决的方法，将有助于解决孩子和老师之间的问题。

## 四、破坏学校物品的行为

有时，家长会面临孩子弄坏学校物品的情形。一般而言，学校会要求学生赔偿损失，但由于孩子的经济能力有限，到头来父母只好既生气又无奈地帮孩子偿还这笔“债”。举例来说，曾太太刚刚接到一通文豪班主任的电话，说文豪今天在学校和同学玩耍，打破了两块玻璃。

如果曾太太想帮助文豪学习负责任的行为，她有两个选择：

（1）带文豪到学校向老师道歉，并请求老师以文豪的劳动服务来抵偿，直到老师满意为止。

（2）先替文豪赔偿，然后再要求文豪用零用钱以分期付款的方式偿还。

首先，曾太太应和孩子讨论："你想要怎么解决？"文豪可能回应："我不知道。"在这种情形下，曾太太提出选择："你是帮老师做事来赔偿，还是我先给学校钱，然后你用零用钱按月还我？"假如孩子拒绝做任何决定，妈妈就得当机立断地指定他怎么做。

## 五、家长与老师之间的冲突

在教师办公室或校园里，我们常听见老师抱怨现在的家长不关心孩子、不跟老师合作，甚至干涉老师的教学。另一方面，我们也常在超市或学校门口，看到三五成群的父母批评某位老师偏心、某位老师太严厉、某位老师不认真等。遗憾的是，都说父母和老师是教育下一代的合伙人，家长和老师之间似乎缺乏相互的信任与了解。也许双方都有责任，但如能通过一种良好的沟通方式，相信这些抱怨或不满都可以化解。比如，许女士今天看到老师在家庭联络本上这样写着：

尊敬的家长，您好！今天上课时惠莉不断骚扰其他同学，请您在家多加管教。

类似这样的通知（书面或电话），有些父母可能接过不知多少回。老师似乎认为孩子在学校的一些不当行为应该由父母来负责。

当然，父母不宜责怪或批评老师的作为，因为孩子的教育离不开家长和老师。那么，父母该如何来处理这类事情呢？以上面的例子来说，惠莉的妈妈应以关怀的态度与惠莉一起讨论解决的方法。

妈妈：惠莉，我想跟你讨论一件事，老师说你今天上课时骚扰其他同学。我听到了，感觉很难过。你愿意告诉我是什么情况吗？

惠莉：老师乱讲，是有一个同学欺负我……

妈妈：你一定很气老师这样说你了？

惠莉：对啊！

妈妈：我们来想想办法，看我能帮你做些什么。

惠莉：你可以叫老师不要冤枉我呀！

妈妈：你好像要我去跟她理论。

惠莉：好不好嘛？

妈妈：很抱歉！孩子，我想这是你和她之间的事，不是妈妈的问题。不过，我很愿意帮你想想该怎么做，你觉得呢？

上面的对话中，妈妈先以“我的信息”表达，再用反映式倾听接纳孩子的说法和感受，最后坚定地让孩子知道这不是妈妈的问题。假如惠莉没有回应，不必催促她，妈妈只要说：“好像你现在还不太愿意和我讨论这件事。没关系，如果待会你改变了主意，我还是愿意帮你的。”而在与惠莉讨论后，妈妈可以在联络本上这样回复：

杨老师，您好！谢谢您告诉我们孩子在学校的行为。关于惠莉上课的骚扰行为，我们很关心，也和她谈过了，并了解到她和某位同学有争执的经过。我们认为这情况应该由她自己来处理。如果老师对她的骚扰行为有任何责罚，我们尊重你的处理。

倘若老师仍坚持父母必须插手管这件事的话，父母可以心平气和地继续与老师沟通。正如我们和室内设计师沟通家里装修一样，设计师固然有其专业能力和经验，而身为顾客的我们也必须提出自己的想法，总之双方要多加沟通，才能达成满意的共识。因此，当父母对学校教育有自己的看法时，不要害怕和孩子的老师沟通。万一双方无法达成共识，父母千万记住：孩子有个别差异，老师也有个别差异，因此，我们无法要求老师的作风符合每一位家长的期望。在尊重老师的前提下，父母能做的就是给予孩子情感支持和讨论解决方法。我们来看一下下面的沟通例子：

叶老师：（经过一番寒暄后）这学期，明祥的学习有点跟不上。

谭妈妈：这可怎么办呢？

叶老师：他不该这么差的，他很聪明的。

谭妈妈：对呀！去年他的班主任也这么说。

叶老师：他常心不在焉，上课或做习题都需要我盯着他。

谭妈妈：哎！怎么会这样呢？

叶老师：或许是还太小吧！

谭妈妈：对呀！我想起来了，他在家里也都是这样。老师，你说我该怎么做？

叶老师：因为还太小，所以他有很多事情无法自己完成，很需要有人在旁督促他，因此，我想如果你能每天晚上陪他做功课，应该会比较好一点。

谭妈妈：是！老师您说得对极了！从今天开始我会每天盯着他做功课。

从上面这段谈话中，我们看到叶老师主导着整个谈话，谭妈妈只能诺诺回应。再让我们来看看谭妈妈和叶老师到底谈了些什么。首先，他们都同意明祥的学习跟不上；第二，他们都想找出明祥学习跟不上的原因；第三，他们都同意明祥的问题有待解决；第四，事实上他们都不晓得明祥的问题该如何处理。当然，这并不是要批评这位老师或妈妈，只是想探究一下他们的沟通技巧。

首先，断言孩子“不成熟”，并不能帮助他们了解问题的原因，因为“不成熟”的意思很抽象且笼统，一般人也无法具体说出什么叫成熟。实际上，他们需要了解什么是孩子的行为目的，是获得注意（“这样你们会关心我”），还是抗拒成人权威（“你们谁也别想逼我念书”）。

虽然妈妈和老师都想让明祥负起学习的责任，但在做法上有待商榷。因为“督促”只会增加孩子的反感，无法赢得他的合作。在这个例子中，如果妈妈想帮助明祥，她可以这么做：当明祥做功课时，若专注的时间（如二十分钟）比昨天的时间（如十五分钟）较长，就立即称赞他。另一方面，也可利用生活中的事件培养他的专注力，如浇花、喂狗、运动等。

还有一种情形是，有的父母会为了孩子在学校受到不公平的待遇，跑到学校去找老师理论，甚至直接到校长那里去告状。这种做法只会破坏家长与老师双方的关系，对孩子的教育也没有任何帮助。当孩子在学校遇到困难时，下列三种方法可帮父母渡过难关：

（1）以尊重的态度与老师沟通，先耐下性子听老师的说法和建议。

（2）心平气和。无论自己对老师的观念或做法有何不满，听老师述说完事由，不中途打岔或引发争执。

（3）孟母三迁。如果孩子确实受到不公平的待遇，父母在沟通后仍然得不到合理的解决方法，建议父母让孩子转学吧，因为孩子若继续在这样的环境中学习，是不会快乐的。

## 父母与老师的沟通之道

长久以来，父母与老师之间仿佛存有一种微妙的心理关系，使得彼此的沟通不是很好。父母都上过学，也自认为了解教育，甚至还能说出一番教育大道理。然而，时代在进步，老师通过不断进修，其专业素养和能力已非昔日可比。即使一些父母受过高等教育，甚至修习过教育心理学方面的课程，也不一定对老师的专业领域有所了解，更遑论有老师的实务经验了。有一次，我去某校调解一个父母与老师的冲突事件。当时一位盛气凌人的父亲说，他是教育博士且最了解自己的孩子，我平静地回应："我理解你的感受，也接受你很了解孩子的说法。但是，对于你孩子在学校里的情况，老师是最了解的人。所以，你愿意听听老师的说法吗？"当我说完后，这位父亲终于坐下来，开始与老师平和地沟通。

父母应尊重老师的专业，以请教专家的态度向老师表达自己合作的诚意，把孩子在家中的生活情况告诉老师，接受老师在学校对孩子的了解和意见。如此一来，当老师受到尊重时，相信他也会乐于与家长沟通。

有时孩子回家诉说老师的不是，如果父母在不了解真实情况下便相信孩子的话，很可能产生不必要的误解。因为孩子还小，并不是孩子有意欺骗或捏造事实，而是他的想法较单纯，描述的情况也可能较夸张。父母遇到这种情况，切勿在孩子面前数落老师的不是，那只有加深孩子对老师的敌意和不合作。同时，也不必偏袒老师，那会使孩子更加为自己辩护，导致孩子以后不愿告诉父母他在学校里发生的事。父母应倾听孩子的问题，接纳他心中的感受，进而与孩子一起思考问题的解决方法。如此，不仅可以培养孩子解决问题的能力，而且也避免自己陷入两难的困境。

## 第四节
## 金钱管理

在物质生活富裕的今日，父母一般很舍得在孩子身上花钱，而且给孩子的零用钱也比以往的父母慷慨大方。然而令人担忧的是，我们的孩子拥有的零用钱是多了，却花得毫不珍惜，有的甚至挥霍无度。他们正面临一个困境：不知道如何管理金钱。更遗憾的是，没有人教过他们。

其实，许多成年人自己也缺乏管理金钱的正确观念和方法，大多数人都是从错误的经验中学习，只是有时付出的代价大了些。孩子如果能够及早学习管理金钱的知识，将有助于他们自律、自重、自信等生活习惯与人格的培养，而这种教导的工作在父母而言是责无旁贷的。以下有五项原则供父母参考：

### 一、从支配零用钱开始

父母从小就得教孩子懂得钱的意义，并知道如何妥善运用。即使孩子还小，也不太懂得确切的金钱数目或大小，父母如能固定给孩子零用钱，可以帮助他开始学习如何支配金钱，因为零用钱可说是教导孩子如何计划、做决定、储蓄的有效工具。给孩子的零用钱数目一方面得考虑家中的经济状况与其他家庭标准，另一方面则应考虑孩子的年龄与实际需要。刚开始不宜给太多或太少，因为给得太多，孩子在不知如何妥善运用的情形下，容易养成浪费的习惯；而给得太少，则失去给零用钱的用意，也达不到教导储蓄的目的。那么，要给多少才适当呢？其实没有一个准则，通常孩子年龄越大，给的金额越多，给的时距越长。例如，幼儿园的孩子，一周可分两次或三次给，每次给五元至十元。当孩子开始上小学，除了固定的午餐费、交通费以外，可以一周给一次，每次十元至二十元。小学三、四年级的孩子，可能会再加上一些如社团、运动等活动所需的固定费用。十岁左右大的孩子，可以每两周给一次，每次大约二十元至五十元。至于上中学后的青少年，可以教导他们先做每个月的预算，如包括午餐、车票、娱乐、课外读物等费用。然后，父母根据其预算与孩子讨论，确定出双方同意的合理金额。

孩子的零用钱不是向父母“求”来的，父母千万不要以为给零用钱是施小惠，因为只要父母答应给零用钱，就已经是孩子的权利。至于孩子如何使用零用钱也是孩子自己的权利，父母不应横加干预，只需从旁指导和建议如何善用即可。假若孩子买了不实用的东西，或者真需要某个东西，钱却花光时，他会比父母更懊恼，所谓“不经一事，不长一智”，他自然会从中吸取教训。父母不可以通融孩子预支或借贷下周或下个月的零用钱。当然，如果确定孩子有特别的需要，如亲友的生日礼物、打破学校的玻璃等，则可以贷款的方式解决，并要求孩子分期偿还。

父母得守信用，在约定好的时间准时并如数地给孩子零用钱，如没有特殊的理由最好不要拖欠，因为晚给五分钟或一天，孩子会对父母的信用产生怀疑，这是很单纯的想法，并非孩子小气或爱计较。同时，零用钱不能成为奖励和惩罚孩子的工具，如考试成绩一百分给十元、碗没有洗扣五元等。奖惩问题与金钱教育是两回事，而且这种做法常使孩子产生“以钱控制人”的错误观念。

## 二、利用打工机会

孩子的金钱来源除了零用钱之外，还有礼金和工资（酬劳）。以礼金而言，可能是爸妈、亲友在过年时给的压岁钱、祖父母在他生日时给的祝贺金等。而“工资”是孩子有时可以经由帮父母做事的机会赚取的，父母可以列出一张“工作清单”，如帮妈妈擦鞋可得十元，帮爸爸洗车可得二十元等。当然，有些工作父母可以不必假手于他人，但雇请孩子来做却是一个很好的教育机会，因为工作是增强信心的动力。值得注意的是，如果是属于例行分配好的家务，如洗碗、倒垃圾等，这些已经是孩子分内的工作，是没有“工资”的，因为家中的每一个成员都有责任分担部分家事，这个观念需要父母及早说清楚，并不断地教导。

付给孩子的工资应给予合理的金额，不要太苛刻。例如，让大的孩子粉刷房间，事前估计雇用正式粉刷工的工资，并确定一个合理的完成期限，然后放手让孩子去做。工作成果的衡量标准是他工作努力的程度，不是专业质量的要求，最后付给他接近专业粉刷工的工资。相信这对孩子而言，所得到的不只是钱而已，还有父母的爱心和鼓励。如果孩子工作不努力、中途放弃，或未按时完成，可以考虑以雇用正式粉刷工的处理方式，只付部分工资或不付工资。最重要的是在工作之前，父母应就上述这些约定与孩子先达成协议。

对于青少年阶段的孩子，除了家中的打工外，也有不少机会在快餐店、超市、工厂、加油站等场所打工。在与孩子讨论如安全、外界诱惑等问题，并制订规范后，父母可以鼓励孩子去外面打工，因为这对孩子来说将是一个很好的社会体验。一位大学生为了买自行车，暑假在快餐店打工，一小时工资三十元，一天工作八小时，事后他说：“以前我最不喜欢爸妈成天念叨赚钱不容易，现在我体会到他们的感受，所以我特别爱惜我这辆车了！”工作让成长中的孩子学习到惜钱爱物。当然父母需要注意的是，不要让孩子打工过度，以免影响孩子的学校功课、社交活动以及与家人的相处时间。一般而言，上课期间的打工以每星期不超过十至十五小时为限，寒暑假则以每天不超过六至八小时为宜。

## 三、学习节约储蓄

父母都不希望孩子乱花钱，而且最好是能把一部分零用钱或压岁钱存起来。但是，孩子大多数是立即享乐主义者，除非有很好的理由，否则很难让他存下钱来。父母可以利用孩子要求买一些价格较贵的东西的机会，如他想买一套音响或一辆自行车，建议他开始存钱。为了鼓励孩子，建议父母提供孩子部分的补助款，对于年龄愈小的孩子，父母补助的比例要相对提高。例如，五岁大的孩子想买一辆价值300元的模型汽车，父母可以告诉他："只要你存了20元，我出其他的280元。"因为如果父母告诉孩子各出一半钱，孩子一想那要存多久才买得到，很容易就放弃了存钱的念头。虽然，父母可以告诉孩子存钱是为了将来买到真正需要的东西，因此有时得忍痛放弃一些眼前想买的东西，但是别忘了，"将来"对孩子而言可不是像成年人所想的明年。八九岁的孩子的将来可能是下个月，而五六岁的孩子可能是下周。通常，买的东西虽然只有一部分钱是孩子出的，但孩子也会比较爱惜。

当孩子还小的时候，父母可以陪他去买他喜欢的储钱罐，开始鼓励他存钱。有的父母会代管孩子的礼金或压岁钱，帮他做储蓄，这并没有什么不好，但要注意账目清楚，最好的方式是准备一本账簿，清楚地记下每一笔进出金额和日期，这样做不是与孩子锱铢必较，而是建立互信和彼此鼓励。即使孩子自己存钱在储钱罐中，也可建议他在一张纸上记下每次存进的零用钱，不会写字的孩子以画圆圈的方式代表。这样清楚地看见存款数目的增加，对孩子的储蓄就是一个很好的鼓励。

当孩子升入小学以后，可以陪孩子到银行申请办理账户，也可趁机教导一些存提款的手续和知识。当孩子拥有自己的一个账户，知道其中的数字意义，他会愉快地看着日渐增加的存款，进而养成良好的储蓄习惯。如果存款数字很小，而又有想买的东西时，他自然得加紧努力了。

## 四、体验花钱的艺术

孩子也许不懂“货比三家不吃亏”的道理，因此父母得教导孩子如何有智慧地花钱，与孩子一起购物即是一个很好的示范机会。例如，家中需要添置一个闹钟，父母可以带孩子上街玩“寻宝”游戏，多逛几家钟表店，比较各种品牌、类型、种类、价格等条件，同时让孩子参与讨论，能吸引孩子的兴趣。如能将比较之下节省的钱作为孩子的奖励（最好是存进他的账户中），更能激发他学习的兴趣。

对年龄较大的孩子，不妨给他较大的选购权利。一位爸爸带着小学五年级的儿子上街买球鞋，他告诉孩子在500元预算内随他选喜欢的，结果儿子买了一双300多元的球鞋。这位爸爸就告诉儿子：“你本来可以用这些预算买到两双鞋子，但现在你只买到一双，所以你得好好地爱惜它。”这位爸爸利用机会给孩子上了一课。

## 五、告诉孩子家里的经济状况

孩子不需要知道父母收入的确切数字，也不必知道家产有多少，但是孩子既然是家中的成员，也该了解自己家里的一些经济状况，如每个月固定的开销、孩子开学时的花费等，特别是家里有大的变化时，如父亲暂时失业、母亲生重病、父母离异等，这些情况都得让孩子了解。但是，不需要给孩子太多的信息或过度的形容，以免造成他们的心理负荷。如告诉孩子：“爸爸没工作了，我们家现在钱很紧张！”或者说：“我们要省下每一分钱，搞不好你得休学去打工。”父母可以大致告诉孩子：“这个月开始我们得节俭一点，因为爷爷病了，我们得省钱给爷爷看病。”或者父母加薪时，可以说：“以后我们有多一点的钱买书和出外郊游，因为爸爸升职了。”

不论是在平日或节假日，一般家庭的预算总有个数，不能随心所欲地花钱。在父母不能样样顺遂孩子所欲时，父母的解释或说明如果是积极的，可以让孩子培养出积极乐观的思考和个性。如果父母的说辞是消极的，孩子听多了难免会灰心泄气。例如，孩子问你：“妈妈，我们家里是不是很穷？为什么买不起新电脑？”最好的回答是：“我们省下的钱是为了派上更好的用场（如旅行、买房子、照顾生病的亲人等）。”

孩子的学习和模仿能力很强，他们经常观察父母的言行，假若父母常为金钱吵架、从不储蓄或视钱如命等，孩子自然也容易产生偏差的想法和行为。所以，父母应该想想自己处理金钱的观念和态度。例如，你是否曾以金钱作为爱的补偿？尤其是一些很少有时间在家陪孩子的父母常会如此，然而父母以金钱来减低自己的内疚感，却买不到孩子的心。

也有的父母为孩子买的东西不是孩子需要的，这是另一种补偿心理。就像一位父亲常买昂贵的电动火车给他五岁的儿子，原因是：“我小时候就想买一套电动火车，可是当时家里穷，买不起。”现在有不少的父母持类似的观点：“现在我有能力了，何必要让孩子失望呢？”这种想法和做法不但浪费金钱，更易养成孩子不知惜物、不懂节省的习惯。

孩子真正需要的是多与父母相处的时间。一个拥抱、一个微笑、一段愉快的亲子时光，这不是金钱可以买到，或礼物能替代的。爱，应该是孩子金钱管理教育中最重要的课题！

## 第五节
## 生涯教育

如今，“抓周”的风俗虽然已不多见，但有些家庭仍会如游戏般地玩玩。一位父亲在孩子周岁时，摆在孩子面前的三样东西是计算机、纸笔和医生听诊器，结果孩子抓的是计算机，周遭的人纷纷说孩子将来必是科学家或工程师。然而，这位父亲不太满意，他潜意识希望孩子抓的是医生听诊器。原因无他，因为他自己是医生，所以希望孩子将来也成为医生。其实，这三样东西都是代表父母期望孩子从事的行业，如果再多放些蜡笔、扫把、锄头等物品，不知会有什么结果？

从深层次来看，这种以“抓周”的方式来预估孩子将来的前程，不也是反映出父母对孩子的期望吗？也许父母不曾玩这种游戏，但是在孩子成长的过程中，一些教育的方式和言行表达不也是反映出父母的盼望和安排吗？

现在一些父母的期望和做法，完全不顾孩子的个性、兴趣和能力，就如同砌砖一样，希望为孩子砌出一道安全有保障的砖墙，让孩子沿着墙里走。殊不知这种刻意堆砌的方式，也堆砌出了一个没有自我、没有自信、不会思考的砖头孩子。

这样做给了孩子什么？给了自己什么？父母也许该停下脚步来想一想了。

## 一、生涯教育从小开始

有一句谚语说："给孩子一条鱼，不如给孩子一根钓竿。"这种"钓鱼教育"对目前的家庭教育情况可谓一针见血。近来，许多心理和教育的学者专家非常重视"生涯教育"，认为个体的成长是一个从小到大的连续过程，因此父母对于孩子的生涯辅导应从早期儿童时代开始。虽然这时候孩子的可塑性很大，但父母不应强迫其去做一些不适合自己的选择。所谓生涯教育，应该是从小帮助孩子增进对自我的了解，认识外在的世界。如果从职业的观点来看，父母应该帮助他们去发展自己的兴趣和志向，去了解世界的各行各业，去体会工作的意义。一方面，提供有关职业的信息，让他们有初步的了解；另一方面，培养他们良好的工作态度，解决问题和做决定的能力，找到未来发展的方向。

假如我是一只小鸟，我要边唱歌边送小朋友上学，我要和太阳谈天，和小草握手，迎着轻风在天空中飞舞，和白云姑娘打招呼。假如我是一位科学家，我要发明各种仪器，我要利用太阳能，造福人类。

我希望当一位魔术师，因为魔术师可以变出很多小动物和想要的东西。我要为我喜欢的小朋友变出好玩的玩具，还要到孤儿院表演魔术给孤儿们看；更要去养老院慰问老人，变一些水果给他们吃。

我的志愿是做医生，因为医生可以赚很多钱，还可以拯救大家。所以，我喜欢当医生。我希望以后能够实现我的志愿，当一位好医生。

我想当设计师，我为什么要当设计师呢？因为我很喜欢画图，几乎什么东西都会画，只是画得不好，而设计师这个工作很有趣，可以练习画画，也可以用头脑想出各种新奇的图案，非常有想象力，所以我非常想当一个设计师。

以上文字摘录自四位小学生的作文，从中可以看到他们对一些工作和职业的可爱、纯真的描述。也许在大人的眼中，他们的想法不够现实，但这正是这个时期发展的特性。在孩子幼儿园和小学阶段是生涯发展中所谓的“幻想期”，这时的他们有丰富的想象力和创造力，尽管他们对于职业和工作的看法会受到外在环境的影响，但是他们有自己的认知和见地。随着慢慢长大，他们才会从幻想期，走向试验期、现实期。父母不知道还记不记得自己在小时候的作文，是不是也常写《我的志愿》之类的文章？也许有人希望将来做一位文学家、科学家或探险家，而如今大多数人从事的工作都不是小时候的志愿，甚至在成长的过程中转变了好多次，这就是梦想和现实的差距。当然，这不是说幻想不好，对孩子而言，职业梦想反而是非常重要的一个发展过程。

在孩子11岁以前，当他谈起自己的志向时，无论是什么，父母都应给予适当的辅导。辅导意味着鼓励和支持，而不是告诉孩子他的想法不对，不是告诉孩子他将来该做什么，辅导是有原则和技巧的。首先父母应提供机会，让孩子认识自己的能力、价值和兴趣，明白工作没有高低贵贱之分，进而帮助孩子培养责任感，学习与人合作，懂得如何计划和管理时间，懂得如何运用思考来解决问题等，这是一个整体的教育历程。因此，对于孩子的生涯教育辅导，父母要从旁提供许多社会和文化的刺激，依着孩子兴趣发展而进行。那么，父母究竟该怎么做呢？下面这一段孩子的心声，看是否能启发父母：

在上课中，每逢老师讲发明家的故事时，我都特别有兴趣，对他们的伟大发明，非常佩服，我也决心要做个发明家，发明一种新奇的东西，来造福人类。

父母可以看出一些端倪吗？是的！从小跟孩子讲一些圣人贤哲的故事，让孩子阅读一些伟人传记，然后和他们讨论心得和感想，这是方法之一。

## 二、在游戏中学习

对孩子而言，父母正经八百地与孩子讨论将来要做什么，或告诉他该走哪个方向，这都是不适当的。这个时期，父母应该做的是给孩子提供多方面的职业信息。看过孩子玩过家家吧！在游戏中，他们会扮演各种不同的身份和角色，如医生、老师、超人等，他们也会模仿大人工作的情形，如上班、卖菜等。虽然在大人的眼中，这或许只是游戏，对孩子的成长却是意义重大，因为孩子正是在游戏中学习成长的。因此，父母有空时不妨和孩子一起玩各种职业角色扮演的游戏，和孩子一起动脑想想何种职业该有什么样的道具、服装等，这不仅会带来无穷乐趣，同时也是对孩子进行生涯教育的良策。

有关生涯教育的活动很多，无法一一说明。参考国内外学者的看法，提出一些活动例子（见表10-1），希望对父母施教有所启发。

**表10-1 生涯发展的阶段、特征和亲子活动**

| 阶段 | 特征 | 亲子教育的活动实例 |
| --- | --- | --- |
| 幻想期（11岁前） | ·以游戏为主的学习<br>·幻想成大人<br>·扮演成人的职业角色<br>·提出有关各种职业或工作的问题 | ·介绍伟人的故事或传记<br>·与孩子讨论他的兴趣和志向<br>·提供孩子做决定的机会<br>·与孩子谈论亲友的职业<br>·利用机会让孩子了解（或参观）一些行业<br>·与孩子一起玩家家酒，扮演一些职业角色 |
| 试验期（11至17岁） | ·兴趣阶段（11至12岁）<br>以喜好、兴趣为主<br>·能力阶段（13至14岁）<br>注意兴趣和能力的比较<br>·价值阶段（15至16岁）<br>衡量自己的目标与价值<br>·过渡阶段（17岁左右）<br>由兴趣、能力、价值转变为真实条件的考虑 | ·与孩子讨论他的喜好与兴趣<br>·让孩子有机会做职业方向和职业兴趣测验<br>·与孩子一起阅读有关梦想、介绍成功人士的书籍<br>·与孩子讨论各种不同工作的内容和价值<br>·让孩子有机会和不同行业的亲友交谈<br>·鼓励孩子学习人际关系和建立积极的人生观 |
| 现实期（17岁至青年期） | ·试探阶段：缩小职业选择，尚在未能决定状态<br>·具体化阶段：投入选定的职业，并分析各种内外在因素<br>·专门化阶段：选择固定工作或接受某种特定的职业训练 | ·帮助孩子学习如何安排时间和金钱<br>·让孩子有机会做职业方向和职业兴趣测验<br>·与孩子讨论升学与就业的问题<br>·鼓励孩子从事正当的休闲活动<br>·引导孩子制订自己短期、中期和长期的计划和目标<br>·让孩子有机会利用寒暑假打工<br>·让孩子接受短期的职业训练 |

最重要的原则是，不论孩子在何种年龄阶段，都先得对他身心发展阶段的特征有所了解，对他个别的兴趣和能力加以引导，并且以尊重和接纳的态度和孩子一起讨论他的前途和职业发展。别忘了，每个人随着年龄的增长，对于生涯的观念会依其生理、心理和环境而变动，这是一个自幼到

老，终其一生不断适应的过程。父母得排除不必要的忧虑，耐下性子加以培养，自然能看到孩子犹如幼苗般茁壮成长。

父母送给孩子一生的礼物，不是用金钱买的，而是给予孩子学习成长的时间和空间，并且使其能独立自主、有信心走自己未来的路。这样的教育对孩子才是终身受益的礼物。